CANU FFOLANT

Rhiannon Ifans

Diolchiadau

Diolch i Gymdeithas Alawon Gwerin Cymru am y gwahoddiad i draddodi Darlith Goffa y Fonesig Amy Parry-Williams yn Eisteddfod Genedlaethol Bro Dinefwr, Llandeilo, 1996.

Mae'n bleser gennyf ddiolch i staff Llyfrgell Genedlaethol Cymru am eu cydweithrediad parod bob amser, ac yn enwedig y tro hwn i Arwel Jones, Huw Ceiriog Jones, Lona Mason a Charles Parry. Diolchaf yn gynnes hefyd i Phyllis Kinney a Meredydd Evans am eu cefnogaeth i'r gwaith hwn o'r dechrau, ac i Phyllis yn enwedig am ei chymorth hael gyda'r alawon. Yn olaf diolch i Dafydd am ei anogaeth barhaus, am rannu ei wybodaeth arbenigol am y llawysgrifau, ac am gadw'r traddodiad canu ffolant yn fyw.

Canu Ffolant

Yn ôl brawddeg agoriadol *A Misalliance,* un o nofelau Anita Brookner, 'Blanche Vernon occupied her time most usefully in keeping feelings at bay'.[1] Tra bod yna nifer o bobl sy'n ymddwyn yn union yr un fath â Blanche Vernon am y rhan helaethaf o'r flwyddyn, mae yna rai achlysuron pan fo'r muriau'n cael eu dymchwel, a gŵyl Sant Falentein ar 14 Chwefror yw un o'r adegau hynny. Os nad ydym ni'n hunain yn ildio i gyfaddef ein teimladau dwysaf, yr ydym yn dyheu o waelod calon am i rywun sirioli'r dydd i ni drwy ddatgan cariad diwyro tuag atom.

Pwy, felly, yw'r sant hwn a roes ei enw i ŵyl y cariadon? Ac yn fwy dyrys, efallai, sut mai sant a gafodd y fraint honno?

Yn gyntaf mae'n rhaid cydnabod bodolaeth sawl sant Valentinus. Mae'r Merthyrdraeth Rhufeinig, catalog neu galendr swyddogol o ferthyron a saint yn nhrefn eu dyddiau gŵyl, yn coffáu dau Valentinus ar 14 Chwefror a'r ddau wedi'u merthyru. Offeiriad yn Rhufain oedd y naill, gŵr a ferthyrwyd yn ystod erledigaeth yr Ymherodr Claudius II; esgob Terni, rhyw drigain milltir o'r brifddinas, oedd y llall a cheir tystiolaeth i'w farwolaeth ym Merthyrdraeth Sant Sierôm.

Yn eu ffurf bresennol, nid oes sail hanesyddol gref i'r naill na'r llall o'r croniclau hyn, ac yn dechnegol efallai y dylid eu rhestru gyda'r chwedlonol yn hytrach na'r hanesyddol. Er hynny y mae'n *debygol* fod sylfaen hanesyddol i'r ddau gofnod, ac mae'n bosibl hefyd mai datblygiadau gwahanol ar un adroddiad gwreiddiol ydynt, hynny yw, mai dau adroddiad ychydig yn wahanol i'w gilydd ar ferthyrdod un sant sydd yma.[2] Fel y dywed y *New Catholic Encyclopaedia:*

> *Whether there were actually one or two Valentines is disputed. O. Marucchi held for two. H. Delehaye felt that Valentine of Terni may have been brought to Rome for execution and that two cults, one at Rome, another at Terni, sprang up to the same martyr.*[3]

---

[1] *Anita Brookner,* A Misalliance *(London, 1986), 5.*
[2] Encyclopaedia Britannica, *xxii, t. 853.*
[3] New Catholic Encyclopaedia, *xiv (1967), t. 517.*

At ddiben yr astudiaeth hon gwell caniatáu mai un sant Valentinus a ferthyrwyd ar 14 Chwefror, a'i gladdu ar y Via Flaminia.

The Martyrologium Hieronymianum *mentions only one Valentinus:* 'Interamnae miliario LXIII. via Flaminia natale Valentini'.[4]

Boed un sant neu gant, go brin ein bod yn malio wrth lyfu amlen cerdyn ffolant ar drothwy'r unfed ganrif ar hugain. A da hynny, oherwydd nid oes a wnelo'r sant hwn o'r drydedd ganrif yr un dim â gŵyl y cariadon. Y tebyg yw i hwnnw fod yn ŵr diwair a sobr, ac na feddyliodd unwaith am saethau Ciwpid a'u problemau. I'r sawl sy'n dychmygu'n wyllt iddo fwynhau rhyw bennod o ramant yn ystod ei fywyd ac i'w enw o'r herwydd gael ei gyplysu am byth â chariadon o bob cenedl a chenhedlaeth, siom sy'n ei aros. Ni chofnodwyd hyd yn oed sibrydion amdano yn y cyd-destun hwnnw.

Yn hytrach, daeth i enwogrwydd am iddo broffesu enw Crist yn ystod teyrnasiad llywodraethwr oedd â'i gas ar Gristnogaeth. Gwasanaethodd Valentinus yn ddewr a diesgeulus y Cristnogion hynny oedd yn dioddef erledigaeth dan law yr Ymherodr Claudius II yn Rhufain, gwasanaeth a ystyrid yn drosedd, ac fe'i carcharwyd. Rhannodd ei ffydd tra oedd yn y carchar am y flwyddyn y bu dan glo cyn ei alw o flaen ei well. Pan ddaeth ei gyfle i dystiolaethu i'r llys fe wnaeth hynny yn eofn, gan wneud rhywfaint o argraff, digon, fe ddywedir, i beri i ŵr yr Ymherodr geisio ei droi ef, Valentinus, at y gau dduwiau Rhufeinig, ond methiant fu'r ymgais. Am wrthod y gau dduwiau fe gondemniwyd Valentinus i gael ei bastynu, wedyn ei labyddio, ac yna ei ddienyddio tu allan i'r Glwyd Fflaminaidd, hynny tua'r flwyddyn 269.[5] Yn ôl un chwedl, fe ddaeth y sant yn gyfeillgar â merch ceidwad y carchar. Cyn ei ddienyddiad fe adferodd Valentinus iddi ei golwg, ac ar y noson cyn ei farwolaeth fe ysgrifennodd nodyn ffarwél ati, a'i lofnodi 'oddi wrth dy Falentein'. Mae angen pinsiad o halen gyda'r stori hon eto, ac mae'n eglur mai fel anecdot brydferth y dylid ei thrin.

Ymhle, felly, y dylid edrych am ffynhonnell y traddodiad hwn o anrhegu cariadon ynghanol mis Chwefror? Mae'r ail awgrym, eto, yn dod o'r Eidal. Gyda'r goncwest Rufeinig fe ddaeth gŵyl baganaidd y Lupercalia, a ddethlid ar 15 Chwefror, i Brydain, a phan

---

[4] Encyclopaedia Britannica, *(argraffiad 11), xxvii, t. 851.*
[5] New Catholic Encyclopaedia, *xiv (1967), t. 517.*

3

ddychwelodd y Rhufeiniaid i'w gwlad eu hunain yn gynnar iawn yn y bumed ganrif, gadawsant ar eu holau nifer fawr o'u traddodiadau, yn cynnwys y ddefod hynafol hon. Gweinyddid y ddefodaeth gan offeiriaid a elwid yn Luperci.

It began with the sacrifice by the Luperci of goats and a dog, after which two of the Luperci were led to the altar, their foreheads were touched by a bloody knife and the blood wiped off with wool dipped in milk; then the ritual required that the two young men laugh. The sacrificial feast followed, after which the Luperci cut thongs from the skins of the victims and ran in two bands around the walls of the old Palatine city. A blow from the thong was supposed to cure sterility. The celebration of the festival went on until A.D. 494, when it was changed by Pope Gelasius I into the feast of the Purification.[6]

Yn ôl yr un ffynhonnell, ni anrhydeddir unrhyw dduw drwy'r ddefod hon. Enwir gan amryw Lupercus fel y duw a anrhydeddir ond yn ôl yr *Encyclopaedia Britannica* enw a ddyfeisiwyd yw hwnnw, a dyfaliad modern yw enwi Faunus fel canolbwynt y dathliad.

Gan mor boblogaidd oedd y Lupercalia ymysg y boblogaeth, cafodd yr Eglwys ei bod bron yn amhosibl ei ddisodli. Penderfynwyd cyfaddawdu drwy gyplysu'r dathliad â dydd gŵyl Falentein ac felly dymheru llawer ar ei effaith. Cadwyd un elfen ohono, sef yr arfer o daflu enwau merched hardd Rhufain i wrn cariad a'u tynnu gan y llanciau'n gariad iddo am y dydd, os nad am y flwyddyn.

Fe dalai pwyll yma. Mae'r cyfeiriadau Prydeinig cyntaf at ddydd Sant Falentein i gyd yn crybwyll adar yn paru; yr oedd yn gred boblogaidd yn yr Oesoedd Canol mai canol Chwefror, ar yr hen galendr, oedd cyfnod yr adar i garu. Ar ddelw'r cytundeb hwn ym myd yr adar fe gydymffurfir yn y sffêr ddynol. Yng ngherdd freuddwyd Chaucer, 'The Parliament of Fowls', a ysgrifennwyd rywbryd rhwng 1372 ac 1386, fe ddarlunnir cynhadledd a gynhaliwyd ar ddydd gŵyl Sant Falentein lle y gwahoddwyd pob aderyn i ddewis ei gymar.

---

[6] Encyclopaedia Britannica, *xiv, t. 432.*

For this was on seynt Valentynes day,
Whan every foul cometh there to chese his make,
Of every kynde that men thynke may,
And that so huge a noyse gan they make
That erthe, and eyr, and tre, and every lake
So ful was, that unethe was there space
For me to stonde, so ful was al the place.

And right as Aleyn, in the Pleynt of Kynde,
Devyseth Nature of aray and face,
In swich aray men myghte hire there fynde.
This noble emperesse, ful of grace,
Bad every foul to take his owne place,
As they were woned alwey fro yer to yeere,
Seynt Valentynes day, to stonden theere.[7]

Amlygir eiddgarwch yr adar i baru, a'u dyled i'r sant ac i'r haul am erlid y gaeaf a'i nosweithiau hir a thywyll ymhell, bell oddi wrthynt.

'Saynt Valentyn, that art ful hy on-lofte,
Thus syngen smale foules for thy sake:
Now welcome, somer, with thy sonne softe,
That hast this wintres wedres overshake.'[8]

Barn nifer o feirniaid llenyddol yw fod yma alegori bersonol er na cheir cytundeb wrth geisio adnabod adar y gynhadledd na'u cariadon. Ar y cyfan doethach fyddai cadw'r dehongliad yn agored gan nad yw personoli adar y gerdd yn gwbl angenrheidiol i'w llwyddiant; mae yma hefyd awgrym pendant, er nad tystiolaeth sicr, fod symudiadau tebyg ym myd adar a dynion erbyn y bedwaredd ganrif ar ddeg yn ddisgwyliedig ganol Chwefror ym Mhrydain.

Dywed John Lydgate (?1370-1449), gŵr a dreuliodd y rhan helaethaf o'i oes mewn mynachdy yn Bury, yn y gerdd 'The Flower of Courtesy' a briodolir iddo ac a ganwyd ar gyfer dydd gŵyl Sant Falentein ei fod yn clywed, ar noswyl Falentein, yr ehedydd yn galw ar gariadon i adnewyddu eu cefnogaeth i hyfrydwch cariad. Mae'r adar eisoes yn dewis cymar, meddai, ond ni fydd pethau hawsed

---

[7] The Complete Works of Geoffrey Chaucer, *gol. F.N. Robinson (Oxford, 1957), t. 314.*
[8] Ibid., *t. 318.*

iddo ef:

For I my herte have set in suche a place
Wher I am never lykely for to spede.[9]

Yna mae'n agor ei galon ac yn disgrifio ei gariad, 'the floure of curtesye'.
Mae'n debyg mai'r portread cyntaf o Sant Falentein i ymddangos mewn print yw hwnnw yng Nghronicl Nuremberg, llyfr lluniau gwych a gyhoeddwyd ym mis Gorffennaf 1493 ac sy'n honni cofnodi hanes y byd o'r Cread hyd y flwyddyn honno. Lladin oedd iaith y gwreiddiol gan Hartmann Schedel, ond ymhen chwe mis fe'i cyfieithwyd i Almaeneg.

By actual count, the Chronicle *contains 645 woodcuts for 1809 different subjects. The artists responsible for the woodcuts are Wohlgemuth, the teacher of Albrecht Dürer, and his stepson, Pleydenwurff. The book was financed by two wealthy Nuremberg patricians and printed by Nuremberg's greatest printer, Anton Koberger.*[10]

Yn y darluniad mae'r sant llaes a modrwyog ei wallt yn cario palmwydden yn arwydd o'i ferthyrdod.[11] Adroddir yn gryno hanes ei farwolaeth yn ystod dyddiau Claudius II a nodir ei ddydd gŵyl ar 16 Mawrth; ni sonnir gair am unrhyw nawdd i gariadon. Yr un cofnod, fwy neu lai, a ymddangosodd ym mis Rhagfyr 1493 ond bod ei ddydd gŵyl wedi ei symud i'r 14 Chwefror.

Ceir amryw byd o gyfeiriadau at Sant Falentein yng nghyddestun y tymor caru yn llenyddiaeth Lloegr ac Ewrop o'r cyfnod Canol ymlaen, ond mud yw'r beirdd a'r rhyddieithwyr Cymraeg ar y pwnc hyd yr ail ganrif ar bymtheg. Eiddo Edward Morris, Perthi Llwydion yng Ngherrigydrudion yn sir Ddinbych yw dwy o'r cerddi

---

[9] *Derek Pearsall,* John Lydgate *(London, 1970), t. 97.*
[10] *Ruth Webb Lee,* A History of Valentines *(London, 1953), t. 3.*
[11] *Meddai'r* New Catholic Encyclopaedia, *x, t. 933: '... in the New Testament the palm was connected with martyrdom (Apoc. 7.9) and was used to decorate gravemarkers and tombs in the catacombs as a sign of the triumphal death of the martyr ... On mosaics and on sarcophagi it usually stands for paradise, and Christ is frequently portrayed amid palms in heaven.'*

a godwyd o'r ail ganrif ar bymtheg ac mae'n debyg mai eiddo Huw Morys yw'r drydedd (er nad oes tystiolaeth lawysgrifol i hynny). Ni ddyddiwyd yr un o'r cerddi ond dyddiadau Edward Morris yw ?1633-89 a dyddiadau Huw Morys yw 1622-1709 ac felly teg tybio mai i ganol neu i ail hanner yr ail ganrif ar bymtheg y perthyn y tair cerdd.

Cywydd o wyth a phedwar ugain o linellau yw un o gerddi Edward Morris, wedi ei ysgrifennu ar ran David Davies i ofyn am Mrs Margaret Wynne yn falentein iddo. Person oedd falentein yn yr achos hwn, er bod y gair yn gyfystyr ag anrheg yn y gerdd arall o waith Edward Morris. Gweithreda'r bardd cydnabyddedig hwn yn lladmerydd ar ran David Davies wrth hudo sylw Mrs Margaret Wynne, cymydog iddo, a'i chartref yng Nghwm Main i'r de o Gerrigydrudion yn yr hen sir Feirionnydd.

Yn garedig iawn mae Edward Morris yn rhoi ar blat inni sut yr eid ati i gadw'r ddefod o 'dynnu Falentein' yng Nghymru yn yr ail ganrif ar bymtheg. Mae'n gweu'n sangiadol i'r cywydd ddyddiad y gweithgaredd:

> Y pedwerydd dydd, *diau*
> *Wir adde' clod,* ar ddeg *clau*
> O Chwefror *oedd a chyfri,*
> *Ddwyn mawr ddaioni i mi.*[12]

Yn ardal Cerrigydrudion o leiaf, ar ddydd gŵyl y sant y tynnid enwau'n falentein, nid ar noswyl Falentein fel yn achos adar Lydgate, nac fel yr arfer a gofnodwyd ar 13 Chwefror 1661 ymysg gwŷr bonheddig Lloegr:

> *To Sir W. Batten's, whither I sent for my wife, and we chose Valentines against to-morrow.*[13]

Fel hyn y disgrifia Edward Morris y ddefod Gymreig:

---

[12] *Isod cerdd 1, llau. 45-8.*
[13] Diary and Correspondence of Samuel Pepys, F.R.S., *ed. Richard, Lord Braybrooke (London, 1906), cyfrol i, 164. Cadwyd dyddiadur Pepys yng Ngholeg Magdalene, Caergrawnt hyd 1825 pan ddatryswyd seiffr (math ar law-fer) gwreiddiol y dyddiadur gan John Smith a'i olygu'n ddiweddarach gan Arglwydd Braybrooke.*

Honno ei gwir henw y ges
Lleuad doniau, lle tynnes
Valentine, foliant hynod,
Clo des dawn, clau destun clod,
Foesgarwch o fysg eraill,
I gyd o'r llaw, gado'r lleill.[14]

Nodir yn llinell 57 mai tynnu papur a wneid, a bod arno, yn ôl llinell 63, enw merch y dylid ei chyfarch yn falentein iddo. Ni sonnir rhagor am oblygiadau'r fraint honno o safbwynt y ferch, dim ond fod y bardd yn gofyn ei maddeuant am iddo gymryd arno 'y rhyfyg mawr' o ofyn ei ffafr.

　　Mae'r gofynion yn drymach ar ochr y mab. Gweddus yw iddo ef ddangos ychydig o lawenydd a brwdfrydedd yn y sefyllfa hon, ac fe geir ei fod mor hapus gyda'i ddarn papur nes ei fod yn dymuno'i oreuro ag aur tawdd (llau. 60-1). Ymhellach:

Gwasgu y wnawn, yn llawn lles
Henw'r fun hon i'r fynwes,
A'i gusanu, gais hynod ...[15]

　　Mae cael cwmni'r ferch hon yn well ganddo na chael coron. Ac o sôn am goron mae'n ymhelaethu ychydig er nad yn rhy eglur, ar un arall o'i ddyletswyddau fel cymar gŵyl Sant Falentein:

Hwylio mawredd helm urddas,
Ruban gwyn ar ben ei gwas,
Lliw a wisga i'n 'wyllysgar,
Lliw hon pob calon a'i câr.[16]

　　Gwyn, fel ei chyfenw, oedd lliw'r ferch, a'r tebyg yw fod symudiadau'r ddefod yn mynnu bod y gwas yn addurno'i hunan â ruban, yn arwydd ei fod dan rwymedigaeth i un arall.

　　Tanlinellir arfer dynion o ddewis cymar iddynt eu hunain ar hap, ar 14 Chwefror bob blwyddyn. Yn achos sawl cwpwl mae'n bur debyg y disgwylid iddynt aros ynghyd a phriodi wedi ysbaid parchus. Ond fe sylwer yn yr achos hwn mai tynnu enw gwraig

---

[14] *Isod cerdd 1, llau. 49-54.*
[15] Ibid., *llau. 67-9.*
[16] Ibid., *llau. 75-8.*

briod a wnaed, ac na fyddai disgwyl i'r deuddyn hyn ddatblygu fawr ar eu perthynas. Efallai mai parchu deddfau'r cariad cwrtais fyddai eu rhan hwy.

Dros y ffin yn Lloegr fe dystir i'r un arfer gan Samuel Pepys. Ganwyd Samuel Pepys yn 1633, yr un flwyddyn â dyddiad tybiedig geni Edward Morris, Perthi Llwydion, ond tra cafodd Pepys fyw i'r ganrif ddilynol, hyd 1703, bu farw Edward Morris yn 1689. Roedd y ddau hyn yn gyfoeswyr, un yn ardal wledig Cerrigydrudion a'r llall yn y metropolis, yn fab i un o deilwriaid Llundain. Ar 1 Ionawr 1660 fe ddechreuodd Pepys gadw dyddiadur ac fe'i llanwodd yn ffyddlon hyd ddiwrnod olaf Mai 1669. Yn y blynyddoedd hynny fe luniodd sawl cofnod o'i brofiadau ar ŵyl Sant Falentein, neu'n amlach na heb, brofiadau ei wraig. Dyma'r cofnod ar gyfer 22 Chwefror 1661:

My wife to Sir W. Batten's, and there sat a while; he having yesterday sent my wife half-a-dozen pair of gloves and a pair of silk stockings and garters, for her Valentine.[17]

Yn Lloegr hefyd yr oedd y term *Valentines* yn gyfystyr ag anrhegion, yn yr achos hwn chwe phâr o fenig, pâr o sanau sidan a gardas, a neb yn troi blewyn. Ystyriaeth arall yw'r ffaith fod dros wythnos wedi mynd heibio cyn i Mrs Pepys dderbyn yr anrhegion hynny, er i'w henw gael ei dynnu ar y pedwerydd ar ddeg. Mae'n amlwg o'r dyddiadur na chyflwynid yr anrhegion, o reidrwydd, ar ddy'gwyl y sant ac mai ad-daliad o'r anrheg a roes Samuel Pepys i'w falentein ef, merch Syr W. Batten, ar y deunawfed o'r mis oedd yr anrheg afradlon honno a ddaeth i ran Mrs Pepys.

Y flwyddyn ddilynol mae'n dweud iddo osgoi cartref Syr W. Batten dros ddy'gwyl sant y cariadon rhag iddo dynnu ei ferch yn falentein am yr eildro gan nad oedd rhyw lawer o Gymraeg rhwng y ddau deulu erbyn Chwefror 1662.Yn ôl y dyddiaduron byddai merched yn ogystal â dynion yn tynnu enw'n falentein oherwydd ar 16 Chwefror 1667, drennydd yr ŵyl:

I find that Mrs. Pierce's little girl is my Valentine, she having drawn me: which I was not sorry for, it easing me of something more that I must have given to others.[18]

---

[17] *Richard, Lord Braybrooke,* op.cit., *cyfrol i, t. 166.*
[18] Ibid., *cyfrol i, t. 31.*

Gallai merch hawlio anrheg o law pwy bynnag a dynnai'n falentein. A thybed nad y papurau hyn ag arnynt enw cymar oedd rhagflaenyddion y cardiau falentein? Mae'r cofnod am 14 Chwefror 1667 fel petai'n awgrymu hynny:

This morning come up to my wife's bedside, I being up dressing myself, little Will Mercer to be her Valentine; and brought her name writ upon blue paper in gold letters, done by himself, very pretty; and we were both well pleased with it.[19]

Ategir hynny gan gofnod pellach ar 16 Chwefror yr un flwyddyn:

But here I do first observe the fashion of drawing of mottos as well as names; so that Pierce, who drew my wife, did draw also a motto, and this girl drew another for me. What mine was I have forgot; but my wife's was, 'Most courteous and most fair;' which, as it may be used, or an anagram made upon each name, might be very pretty.[20]

Awgryma cywydd Edward Morris symudiad tebyg yng Nghymru, sef goreuro'r papur; cam bychan fyddai ysgrifennu pennill cariadus i'w roi arno, a'i addurno ymhellach gyda blodau a chyffelyb drimins i greu cerdyn yn null rhai'r ddeunawfed ganrif.

Yr oedd gan Mrs Pepys, yn 1668, fwy nag un falentein:

There comes Roger Pepys betimes, and comes to my wife, for her to be his Valentine, whose Valentine I was also, by agreement to be to her so every year; and this year I find it likely to cost £4 or £5 in a ring for her which she desires.[21]

Yn yr un modd yr oedd Samuel Pepys yntau yn dra phoblogaidd:

---

[19] Ibid., *cyfrol iii, t. 30.*
[20] Ibid., *cyfrol iii, t. 31.*
[21] Ibid., *cyfrol iii, t. 305.*

Took up my wife to the Exchange, and there bought this for
Mrs. Pierce's little daughter, my Valentine, and so to her house,
where we find Knipp, who also challenged me for her Valentine.[22]

Tybed a oedd honno'n sefyllfa arferol? Er nad oes tystiolaeth benodol y naill ffordd na'r llall, hawdd credu bod y merched mwyaf poblogaidd yn cael bod eu henwau'n cael eu tynnu mewn mwy nag un cylch ac yn denu anrhegion o fwy nag un cyfeiriad.

Yng nghyd-destun hanner cyntaf cywydd Edward Morris, lle y disgrifia ardd Margaret Wynne yn 'Ail i Eden oleudeg' (ll. 3) a hithau'n ddim ond mis Chwefror, mae'n ddiddorol sylwi mai'r blodau a enwir yw briallu, meillion, llygad-y-dydd, rhosyn, sirianen (sef ceiriosen) a'r saffrwm a gymherir â'i 'blaenglwm bleth'; os deellir mai plethen o wallt golau oedd eiddo Margaret Wynne dylid hefyd gofio y gelwir saffrwm melyn yn 'the flower of St. Valentine' yn swydd Dorset.[23]

Ond efallai nad yw'r disgrifiad hwn o ardd Margaret Wynne yn gydnaws â'i chyflwr go iawn ym mis Chwefror, ac mai rhywbeth arall sydd ym meddwl y bardd wrth fynd i'r afael â disgrifio gardd. Tybed ai cyfeirio a wna at ddarlun y Beibl o gariadon fel y'i ceir yng Nghaniad Solomon? Yno disgrifir y ferch sy'n gariad i'r bardd fel gardd, yn union fel y disgrifia Edward Morris y ferch brydferth. Dyma Solomon:

> *Gardd gaeedig yw fy chwaer, a'm dyweddi: ffynnon gloedig,*
> *ffynnon seliedig yw. Dy blanhigion sydd berllan o bomgranadau,*
> *a ffrwyth peraidd, camffir, a nardus; Ie, nardus a saffrwn,*
> *calamus a sinamon, a phob pren thus, myrr, ac aloes, ynghyd â*
> *phob rhagorol berlysiau: Ffynnon y gerddi, ffynnon y dyfroedd*
> *byw, a ffrydiau o Libanus. Deffro di, ogleddwynt, a thyred,*
> *ddeheuwynt, chwyth ar fy ngardd, fel y gwasgarer ei*
> *pheraroglau: deued fy anwylyd i'wardd, a bwytaed ei ffrwyth*
> *peraidd ei hun.*[24]

---

[22] Ibid., *cyfrol iii, t 41.*

[23] *Violet A. Wlock,* Valentines, *(York, dim dyddiad), t. 5 sy'n croniclo'r arfer hwn ar 14 Chwefror: In Dorsetshire ... the maids would hang up in the kitchen a bunch of such fresh flowers as they could obtain so early in the year, neatly suspended by a true lover's knot of blue riband. Among these early love flowers were the hyacinth, narcissus, primrose, polyanthus, and yellow crocus which was sometimes called Hymen's torch and the Flower of St. Valentine.*

[24] *Caniad Solomon 4, adnodau 12-16.*

Nid dyma'r union gynnyrch y cyfeirir ato yn y gerdd Gymraeg, ond yr un yw'r naws foliannus a'r clod hael a brwdfrydig a geir ynddi, er gwaethaf gorfod cyfnewid rhai elfennau Cymreig, llai anghynefin, am nifer o'r tyfiannau ecsotig. Gall, hefyd, mai cyfeiriad at adnod arall yng Nghaniad Solomon sydd yn llinellau 11-12 cerdd Edward Morris:

Marged Wyn, mawr gadwyni,
Meini claer i'w mwnwgl hi.

Tybed nad ydym eto yn edrych i wedd cariad Solomon pan ddywed amdani:

Hardd yw dy ruddiau gan dlysau, a'th wddf gan gadwyni[25]

ac eto:

Dygaist fy nghalon, fy chwaer a'm dyweddi; dygaist fy nghalon
ag un o'th lygaid, ag un gadwyn wrth dy wddf.[26]

O fynd at ail gerdd Edward Morris fe gawn fath gwahanol o gerdd. Cân i ddiolch am rodd Falentein yw hon, ar un o'r poblogeiddiaf o'r mesurau rhydd, sef y tri thrawiad sengl. Dyma fesur y gellid ei ganu'n ddigon rhwydd, ond ni chrybwyllir dull cyflwyniad yma; ai diogelach fyddai tybio mai ar bapur y cyflwynid y cyfarchion hyn? Neu ai tecach fyddai rhagdybio na fyddai angen nodi alaw i briodi â'r mesur gan fod pawb yn gybyddus â'r dewis? Beth bynnag am broblem modd y cyfarch mae'r neges yn ddigon amlwg. Diolch sionc a thwymgalon sydd yma am rodd garedig i Edward Morris ei hun, fe ddichon, ar ŵyl Sant Falentein. Mae'r bardd yn rhwym o ddiolch yn gyntaf:

Am ddangos mor weddedd eich cariad helaethedd
Trwy fwynedd ddiomedd, dda i mi.[27]

Diolcha iddi am amlygu ei chariad helaeth, gweddus, tuag

---

[25] *Caniad Solomon 1, adnod 10.*
[26] *Caniad Solomon 4, adnod 9.*
[27] *Isod cerdd 2, llau. 7-8.*

ato. Hi yw 'seren y Teirsir', ac os ydym eto yng nghwmni merch o'r hen sir Feirionnydd, ac nid oes tystiolaeth gadarn ein bod, yna seren siroedd Môn, Caernarfon a Meirionnydd, yn ôl trefn yr ail ganrif ar bymtheg, oedd y ferch, a'i charedigrwydd yn ddihafal. Cyplysir ei henw â Gloria a Rosa, dwy ferch anhysbys y mae arwyddocâd eu henwau yn dywyll, dim ond mai gair o glod ydyw.[28]

Ail dasg y bardd yw diolch i'w gymwynaswraig yn benodol am ei anrheg; yn bryfoclyd iawn i gynulleidfa'r dwthwn hwn sy'n edrych i mewn i garped bag y bardd ni chawn wybod beth oedd offrwm ei noddwraig iddo, rhagor na'i fod yn dweud:

Er mwyn eich gwir gofio mi gadwa nhw er gwirio
Y rhodd tra parhatho, er clirio ar eich clod,
A gweddus yw imi roi diolch amdani
I chwi, y fun heini, fwyn, hynod.[29]

Mae'n rhodd luosog, neu amlnodwedd o leiaf, a allai'n hawdd fod yn bâr o fenig.

Ni chaiff y ferch hon ei henwi'n llawn yn y gerdd ac nid oes pen llinyn yn y llawysgrif a allai ddod â ni'n nes at hynny. Yr unig help a gawn yw mai El yw enw anwes Edward Morris arni:

El eurwych, El ara', El glirwen, ail Gloria,
El rasol, ail Rosa, chwi roesoch, main dw',
Rodd imi ...[30]

Dyma un o dechnegau stoc y beirdd o strwythuro penillion. Ailadroddir enw'r ferch a folir gydag ansoddair amrywiol bob tro i bwysleisio bod seren y ferch ar gynnydd. Ceir enghraifft debyg yng ngwaith John Jones Llanddeiniolen (o leiaf ganrif yn ddiweddarach) wrth ddiolch i Siân Humphrey am ei hanrheg iddo ar ŵyl Falentein, eto ar fesur tri thrawiad sengl:

Siân weddol, Siân wiwdda, Siân barod, Siân bura,
Siân hyluw, Siân haela, anwyla mewn nod,
Siân fanwl, Siân fwynedd, Siân burion, Siân buredd,

---

[28] *Gallai fod yn arwyddocaol fod Elisabeth I yn cael ei galw wrth yr enw Gloriana yn* Faerie Queene *Edmund Spenser, ac mae El yw enw anwes y ferch a grybwyllir yn y gerdd hon.*
[29] *Isod cerdd 2, llau. 17-20.*
[30] *Ibid., llau. 13-15.*
[31] *Isod cerdd 27, llau. 17-20.*

Siân weddedd, Siân beredd, Siân barod.[31]

Dylid nodi wrth fynd heibio na enwir y rhodd a ddaeth o law Siân Humphrey, fwy na rhodd El, ond fe ddywed John Jones amdani: 'mi a'i gwisga yn ddi-gudd' ac felly gellid bwrw amcan mai pâr o fenig a roddwyd. Gwelir ateg i hynny, efallai, ym mhennill falendein Thomas Lewis o Gwm Llywenog ym mhen uchaf plwyf Llanarmon Dyffryn Ceiriog, ar y Berwyn, yn 1761. Fe ganodd Thomas Lewis ar ran Gabriel Evans, i ofyn i ryw 'fwyngu feingan' o'r enw Mary roi anrheg iddo gan ei fod yn cario'i henw'n falendein.

Y fun gariadus, fwyn, garedig,
Rhowch chwi yn rhwyddedd fwynedd fenig.[32]

Dyna dair cerdd gŵyl Sant Falentein gynharaf y Gymraeg i ddod i olau dydd hyd yma, goroeswyr o'r ail ganrif ar bymtheg. A lle mae Cymru'n dechrau, mae gweddill Ewrop yn gorffen, oherwydd fe ddaeth y canu gŵyl Sant Falentein i ben ei rawd mewn sawl un o wledydd Ewrop yn yr ail ganrif ar bymtheg a dim ond yng Ngwledydd Prydain, ac ar ôl hynny yn America yn dilyn yr ymfudo mawr yno, y parheid i anrhydeddu'r arfer.

Ar gyfer yr astudiaeth hon ar y Canu Ffolant fe gofnodwyd deugain o ganeuon neu unedau gan ddau ar hugain o awduron heb anghofio, wrth gwrs, y 'Dienw' ffyddlon. Fe briodolir dwy gerdd yr un i Edward Morris Perthi Llwydion, John Rees o Lanrhaeadr-ym-Mochnant, Dafydd Ifans 'Dewi Dysul', a John Jenkin 'Ioan Siencyn', cerdd unigol i'r beirdd eraill un ac oll,[33] ac mae pedair ar ddeg ohonynt yn ddienw.

I grynhoi: mae'r canu gŵyl Sant Falentein Cymraeg cynharaf a oroesodd yn ganu gofyn a chanu diolch, yn perthyn yn ddi-os i'r ail ganrif ar bymtheg, gyda phenllanw mawr o ganu yn y ddeunawfed ganrif, hwnnw'n cael ei haneru erbyn y bedwaredd ganrif ar bymtheg, a dod i derfyn, yn y Gymraeg o leiaf, ddechrau'r ganrif hon. Adfywiwyd ysbryd y darn yn y canu Dwynwen, a ddethlir ar 25 Ionawr, ond ni afaelodd hwnnw yng nghalon y genedl fel y gwnaeth

---

[32] *Isod cerdd 18, llau. 9-10.*
[33] *Sef Richard David, Robert Davies, Edward Edwards, Thomas Edwards (Twm o'r Nant), ?Siôn Ellis, Daniel Evans (Daniel Ddu o Geredigion), J. Ceiriog Hughes, Jonathan Hughes, Harri Humphreys, Dafydd Jones (Trefriw), Hugh Jones (Llangwm), John Jones, Thomas Lewis, Rees Lloyd, Cadwaladr Morus, Huw Morys, Richard Thomas ac E.W.*

y canu Falentein.

Yn yr ail ganrif ar bymtheg, yn ôl y dystiolaeth Gymraeg (brin), person neu rodd oedd falentein, nid cerdyn. Tynnid enw ar hap, a chadw at y rhwymedigaeth o anrhegu—cyfnewid anrhegion yn ôl tystiolaeth Pepys. I wneud hynny'n llwyddiannus a heb chwithdod, byddai'r enwau i gyd a dynnid o'r un wrn cariad yn enwau dynion a merched o'r un haen gymdeithasol, yn Lloegr yn sicr, ac mae'n debyg mai dyna'r drefn yng Nghymru. Yna, mynd â'r falentein, yr enw, â llaw i gartref y cymar a enillwyd, a gofyn am ei ffafr. Ond sut fath o ffafr?

O symud ymlaen i'r ddeunawfed ganrif at y ffrwd caneuon hynny, dylid nodi'n gyntaf mai dim ond cerddi sy'n mynd ar ofyn y cymar mewn rhyw ffordd a gofnodwyd o'r ganrif honno, ac eithrio cerdd ddiolch John Jones Llanddeiniolen a grybwyllwyd eisoes. Ni nodir dyddiad i gerdd John Jones ond dyddiad y llawysgrif yw diwedd y ddeunawfed ganrif a dechrau'r bedwaredd ganrif ar bymtheg. Nid gofyn ffafr yn unig a wneir yn y canu; fe roir rheswm neu o leiaf ragymadrodd o fath cyn gwneud hynny. Fel rhan o'r rhagymadrodd hwnnw, ac yn ddiau yn y gobaith o blesio, mydryddir enw'r cymar i wead y gân; dyma rai o'r enghreifftiau mwyaf llwyddiannus, gan ddechrau gydag enw Mari Morys:

Fel hyn MAe henw'r lodes
Fwyneiddia eRIoed a weles,
Mi a'i sgrifennes, gynnes gannwyll,
MOR gymwYS hwylus haela.[34]

Y tro cyntaf y deuir ar draws y ffenomen hon mae'n rhoi gwefr o bleser, ond nodwedd fformiwlaig sy'n codi dro ar ôl tro ydyw mewn gwirionedd, ac mae'n drueni fod y wefr yn gwanychu wrth ddarllen yr un technegau droeon. I'r derbynnydd, fodd bynnag, mae'n stori wahanol. Unwaith y flwyddyn y digwydd yr ŵyl ac erbyn y flwyddyn ddilynol mae rhywun yn barod am ddôs arall o'r un ffisig. Dyma ail enghraifft:

Sioned wyd y seined wych,
Lliw distrych ar y don,
Williams eilwaith helaeth wyd,
Lloer annwyl deg ei bron.[35]

---

[34] *Isod cerdd 20, llau. 15-18.*
[35] *Isod cerdd 12, llau. 11-14.*

Efelychu dull y cywyddwyr o ddefnyddio trychiad, sef gosod sangiad rhwng dwy elfen enw person, a wneir yn yr enghraifft uchod, ac fe ddywedir gan rai mai Siôn Ellis y telynor yw awdur y gerdd ond gan fod yn barod gyda'r hanner gwadiad, rhag ofn:*eraill a ddywedant nad e' oedd yr awdur.*

Merch anhysbys a luniodd yr enghraifft odidog nesaf a hynny, yn ei thyb hi, at y gorau o fil, sef Lewis Jones:

> *Hyd atoch, hafedd gannwyll Gwynedd,*
> *Gore ei fonedd o Gaer i Fôn,*
> *L E diledieth, W I diwenieth,*
> *Ac S eilweth mewn sylwedd sôn,*
> *I O diamhur, N E dan awyr,*
> *Ac S dda ei gysur mewn synnwyr sydd*
> *Yn flode meibion ...*[36]

Ond nid merched yw'r unig rai i fydryddu llythrennau. Crefftodd Dafydd Jones o Drefriw bennill ar yr un dull, gan roi brawddeg bersain i enw bedydd y ferch, Jane, a brawddeg bersain arall i'w chyfenw, Foulk. Yn nhreigl y gerdd mae'n ymhyfrydu yn y pleser o gael '[g]wisgo'r naw llythyren gain' sy'n ffurfio enw ei gariad.

> *J ac A, heulwen ha', hoyw wên serchog,*
> *Yw f'angyles enwog, E ac N, walches wen*
> *A ga' dros ben hawddgarwch byd.*
> *F ac O, drefnus dro, drwyadl ei 'madroddion,*
> *Lana' erioed a welson', U, L, K, vowels da,*
> *Galonnog o'r lawena' i gyd.*[37]

O gadw mewn cof fod yn rhaid canu'r pennill uchod (ar yr alaw 'Ymdaith Mwngc'), byddai'r argraff gyffredinol yn sirioli'r diwrnod yn ddi-ben-draw.

Yn anaml cynhwysid yn y gân enw cartref y cymar, weithiau gartrefi'r ddau. Mae'r carmon a ganlyn yn hanfod o Gwm Eger, Bryneglwys yn ne sir Ddinbych, ac fel hyn mae'n cyflwyno'i hunan a'i gartref i'w gariad:

---

[36] *Isod cerdd 14, llau. 1-7.*
[37] *Isod cerdd 8, llau. 1-6.*

16

Un Evans wyf, clywch, o garmon oer guwch,
Nid oes un wlad uwch, ces goruwch cwr Lloeger
Fy magu yng Nghwm Eger dan lawer o luwch.[38]

Lluniwyd yr enghraifft nesaf gan Thomas Edwards 'Twm o'r Nant' ar gyfer Peter Jones o Brion ym mhlwyf Llanrhaeadr-yng-Nghinmeirch yn sir Ddinbych i'w hanfon at Beti Roberts, Buarth Mawr, Prion.

A m'fi, Peter Jones
O Brion, *sy â'm bron*
Yn hoffeiddlon goffáu
Hen arfer hoen wirfodd
A glymodd yn glau.
Chwychwi, Beti Rob[er]ts,
Yn bert sydd i'm bodd
Yn Valandein dyner,
Wir haelber ei rhodd.
Drwy eich gwirfodd a'ch gwawr
Rwy' yn erfyn cynhorthwy
Borth mwy'r Buarth Mawr.[39]

Beirdd gwlad oedd y rhan fwyaf o'r rhigymwyr hyn, ond roedd ambell hen law yn ymhel â gŵyl y cariadon a pho fwyaf medrus y bardd, mwyaf oll o addurniadau a geid ganddo. Gwisgid y cyfan mewn dillad ffansi yn lle'r dillad gwaith a geid yn gyffredin. Meddai Brinley Rees am y canu rhydd cynnar:

Ymddengys yn debyg ... mai dilyn ffasiwn beirdd Lloegr a wna
beirdd y canu rhydd wrth addurno cerddi ag enwau duwiau,
duwiesau ac arwyr Groeg a Rhufain.[40]

Ond ceid ambell drawiad cyffelyb gan y Cywyddwyr yn ogystal, ac ar yr un dull fe geir yn y canu ffolant, gan y beirdd mwyaf mentrus,

---

[38] *Isod cerdd 19, llau. 10-12.*
[39] *Isod cerdd 24, llau. 30-41.*
[40] *Brinley Rees,* Dulliau'r Canu Rhydd 1500-1650 *(Caerdydd, 1952), t. 36.*

gyfeiriadau at yr un arwyr. Fenws a Helen o Droea yw'r ddwy fwyaf poblogaidd. Ond dim ond eu henwi a gânt. Ni adroddir dim o'u hanes, oddi gerth cymryd yn ganiataol fod y gynulleidfa yn hen gyfarwydd â'u nodwedd amlycaf, sef eu prydferthwch a'u hatyniad i ddynion o hil gerdd. Enwir y naill, Fenws, gan Jonathan Hughes (isod cerdd 19, ll. 1) a Rees Lloyd (isod cerdd 21, ll. 21), beirdd tra phrofiadol, a'r llall yn cael ei henwi gan feirdd dienw (isod cerdd 7, ll. 3; cerdd 17, ll. 14). Digon teg, a disgwyliedig, yw cael mai Fenws, duwies Rufeinig harddwch a chariad synhwyrus, sydd yn rhannu brig y siartiau poblogrwydd gyda Helen o Droea, model y Groegwyr o brydferthwch benywaidd. Ar wahân i'r cyfeiriadau at Helen, cyfeirir mewn mannau eraill at Droea, sef dinas gaerog yn *Iliad* Homer a aeth dan warchae'r Groegiaid oherwydd i Paris (mab Priam, brenin Troea) gymryd Helen, gwraig Menelaus, brenin Sparta.

Disgrifia'r bardd dienw ei gariad drwy gyfrwng trosiad: 'blode gwlad Troea' yw hi iddo (isod cerdd 4, ll. 9), sef y ferch lanaf a phrydferthaf a welwyd. Daw'r ail gyfeiriad at Droea o gerdd Jonathan Hughes, o'r un gerdd o'i eiddo ag sy'n crybwyll Fenws:

Llawenydd pob lle yw Troea portreiad.[41]

Dinistriwyd Troea oblegid Helen ond ni welodd neb yn dda i gofio na datgan hynny.

Nid arwyr Groeg a Rhufain yw'r unig linyn mesur. Cymherir merched Cymru yn ffafriol â merched y Beibl. Yn y gerdd a luniodd Rees Lloyd dros Richard Foulk o Fwlch-y-ddâr yn ymyl Llanrhaeadr-ym-Mochnant fe honnodd ef fod ei gariad, 'E dwbwl W' (isod cerdd 21, ll. 33), sef Elisabeth Williams, merch y Green Hall ar gyrion Llanfyllin, yn 'ail i Sara' (isod cerdd 21, ll. 7) ac yn Rhosyn Saron (isod cerdd 21, ll. 23). Gwraig Abraham yn yr Hen Destament oedd Sara, ac meddai amdani: 'mi a wn mai gwraig lân yr olwg wyt ti'.[42] Yr un oedd barn yr Eifftwyr amdani:

A bu, pan aeth Abram i'r Aifft, i'r Eifftiaid edrych ar y wraig,
mai glân odiaeth oedd hi.[43]

Yn ogystal â bod yn wraig brydweddol, yr oedd Sara hefyd 'yn

---

[41] *Isod cerdd 19, ll. 16.*
[42] *Genesis 12 adnod 11.*
[43] *Genesis 12 adnod 14.*

esiampl anrhydeddus o ufudd-dod a pharch i'w gŵr, ac yn arwydd cysgodol o'r cyfamod gras'.[44] Afraid dweud bod cymharu merch â Rhosyn Saron yn gymeradwyaeth fawr. Mae'r rhosyn hwn yn un hynod o dlws, yn arogli'n hyfryd, ac mae iddo bwerau meddyginiaethol.[45]

Mewn cerdd ddienw (isod cerdd 17) fe gymherir y gariadferch 'Elsbeth haelwych' nid yn unig â Helen, ond â dwy o ferched uchel eu parch yn y Beibl, sef 'Rachal' (neu Rahel) a Martha, yn ogystal â Susanna, un o ferched yr Apocryffa.

Gwraig Jacob yn yr Hen Destament oedd Rahel, a mam ei hoff blant, Joseff a Benjamin; yn y cyd-destun hwn mae'n rheidrwydd cofio ei phrydferthwch:

'... *Rahel oedd deg ei phryd, a glandeg yr olwg. A Jacob a hoffodd Rahel; ac a ddywedodd, Mi a'th wasanaethaf di [Laban] saith mlynedd am Rahel dy ferch ieuangaf'.[46]*

Ni chymeradwyir Martha, yn y Testament Newydd, am ei phrydferthwch yn benodol, ond mae iddi enw da fel gwraig oedd yn ysgwyddo gofal am y teulu ac am y tŷ. Chwaer Lasarus oedd Martha, ac yr oedd Iesu Grist yn ffrind agos i'r teulu; yno ym Methania y byddai'n aros wrth fynd i'r gwyliau arbennig yn Jerwsalem. Ar un achlysur cafodd achos i'w cheryddu am fynd i ormod o drafferth ynglŷn â'r gorchwylion hynny ar draul gwarchod buddiannau ei henaid.[47]

Merch yn un o lyfrau byrraf yr Apocryffa yw Susanna ac fe adroddir yno, mewn 64 o adnodau, sut y bu iddi gael ei chyhuddo, ar gam, o odineb a sut y daeth gwaredigaeth iddi trwy law Daniel. Daeth yn symbol o enaid a achubwyd trwy ras.

Un o'r beirdd medrusaf oedd y bardd dienw hwn, a wyddai mae'n debyg am gywydd Dafydd ap Dafydd Llwyd sy'n rhestru enwau gwragedd da, er enghraifft Rebecca, Judeth, Anna a Mair, ynghyd â Sara a Susanna a enwir yn y gerdd hon. Dyma sut mae Dafydd ap Dafydd Llwyd yn eu cyflwyno:

---

[44] *Thomas Charles,* Geiriadur Ysgrythyrol *(Wrexham, 1892), t. 799.*
[45] *Credir yn gyffredinol i Grist hefyd alw ei hun yn Rhosyn Saron: 'Rhosyn Saron a lili y dyffrynnoedd ydwyf fi,' Caniad Solomon 2 adnod 1.*
[46] *Genesis 29 adnodau 17-18.*
[47] *Luc 10 adnodau 38-42.*

19

Gwraig Abram ddinam oedd dda
Henwydd siwr hon oedd Sara
A Rebecca oedd dda ddoeth
A i gweddi ar Dduw gwiwddoeth
Siwsana dan sias iawn wr
Bu feinir gywir iw gwr
A Judeth wiw lyweth lan
A ddugwyd yn ddiogan
Anna mi Cofid nid Cel
Di siomwaith oedd fam Sam'wel
Anna eilfodd anwyl-ferch
Oedd a gair a Mair ei merch
Ni ddown o ben ei henwi
Y da wragedd rhinwedd rhi.[48]

Cywydd yw hwnnw sy'n ateb 'Cywydd duchan i Wragedd', lle mae Roger Cyffin yn cwyno am natur dwyllodrus merch a'i hysbryd penchwiban. Ynddo, rhestra nifer o wroniaid a siomwyd ac a ddifethwyd gan ferched drwy'r canrifoedd.

Nid yw'r merched chwaith yn brin eu canmoliaeth i'w cariadon. I'r ferch a gollodd ei phen ar Lewis Jones, 'Ail i Solomon ffyddlon ffydd' (isod cerdd 14, ll. 8) yw ei chariad iddi hi. Solomon oedd mab y brenin Dafydd, o Bathsheba. Am wychder ei ffordd yr oedd Solomon yn fwyaf nodedig, ac am ardderchowgrwydd ei gynlluniau, yn ei fywyd bob dydd ac yn arbennig felly yng nghyd-destun codi'r Deml yn Jerwsalem. Yr oedd hefyd yn ŵr doeth a phwyllog, yn heddychlon ei ymddygiad gydag un arbenigedd amlwg, sef ei ddirnadaeth wrth ddeddfu. Yn y gerdd hon ei ffyddlondeb i'w ffydd sy'n cael ei ganmol, a rhoddir iddo'r un clod yn yr Hen Destament.

Ac mae ambell un yn ei ganmol ei hun. Mae un bardd, dim ond i ferch arbennig roi un blewyn o'i gwallt iddo er mwyn 'mendio fy mri' (isod cerdd 8, ll. 20), yn ei sicrhau y byddai ef mor llon, teg fyddai ei gymharu ag Absalom. Rhyw gymhariaeth ddigon amheus yw hon i mi. Tra'n cydnabod ar y naill law fod Absalom, cannwyll llygad y brenin Dafydd a'i hoff fab, yn fwy golygus na neb yn Israel ei ddydd a bod iddo lond pen o wallt trwm a chyrliog, yr oedd ochr greulon a gwrthryfelgar iddo ac fe'i cosbwyd drwy beri ei fod yn marw ynghrog wrth dderwen gerfydd ei wallt hardd. Teyrnged ynteu'r

---

[48] *Y Cymmrodor, ix, t. 12.*

gwrthwyneb fyddai cymharu eich hun â hwn? Serch hynny, yn ganmoliaeth ysgubol y'i bwriadwyd, yn ddi-ddadl.

O ran cynnwys, ceir yr un noɗweddion yng ngherddi'r ddeunawfed ganrif ag a geir yng ngherddi'r ail ganrif ar bymtheg ac mae elfen storïol mewn nifer ohonynt. Droeon fe ddisgrifir y broses o dynnu'r enw ar hap yn null y lotri:

Digwydde i 'm rhan, blodeuyn pob man, eich enw gwiwlan gael[49]

a chyffelyb fu profiad Ioan Siencyn:

Damweiniodd imi 'n gynnar,
Wrth lot, yn wir, eich enw pur.[50]

Gallai hyn fod yn achos galar a gwae yn hytrach na diddanwch a hapusrwydd; ond beth bynnag oedd golwg y galon ar y mater yr oedd rheolau confensiwn yn mynnu nad oedd lle i onestrwydd os mai dirmyg oedd yn y fron, a bod pob ymateb yn gwisgo o leiaf gragen o gariad serchus yn y ddeunawfed ganrif. Mae lle i amau ai lotri bur oedd y gêm hon, p'run bynnag; tybed na fyddid yn cynnig help llaw i ffawd wrth iddi ddewis partneriaid yn y Gymru wledig? Fe ddywedir am Mrs Pepys yn Llundain draw iddi wrthod edrych ar beintwyr oedd yn gweithio yn ei chartref rhag cael un ohonynt yn falentein, ar gefn yr arfer mai'r cyntaf o'r rhyw arall a welid ar ddydd Sant Falentein fyddai eich falentein am y flwyddyn. Ni thalai i wraig o statws gael ei hun yng nghwmni gweithiwr.

Mae David Richard o Lanymawddwy yn rhoi pennill cyfan i ddisgrifio'r ddefod, ac i ganmol ei lwc wrth wrn cariad:

Eich enw llon a ddaeth i 'm llaw
Hawddgara' bun, yn un o naw
Ymysg ifienctid trefnid traw
Hardd fenyw hylaw, hwylus;
Yn tynnu falentein gytûn,
Gwawr radol, fun gariadus,
Y fi fu heno, blode ha,
Rwy 'n leicio, yn fwya lwcus.[51]

---

[49] *Isod cerdd 7, ll. 4.*
[50] *Isod cerdd 23, llau. 5-6.*
[51] *Isod cerdd 13, llau. 9-16.*

21

Byddai'n rhaid i'r sawl a dynnodd enw'n falentein ofyn i'r person a enwyd ar y darn papur a fyddai'n ymateb yn gadarnhaol i'r cais i rodio llwybrau serch. Roedd un dewis hawdd allan o'r dryswch pe teimlech fod y carmon yn bryd tila iawn o fwyd:

> *Er imi mewn papur, o ran cysur mwyn, cu,*
> *Gofio lliw'r manod, gwawr hynod, mor hy,*
> *Onid y'ch chwi'n bodloni, y lili wen lân,*
> *Gobeithio na ddigiwch ond teflwch i'r tân.*[52]

Cyfeirir ddwywaith at gyfarch y cariad drwy gyfrwng llythyr. Mae Ioan Siencyn ac E.W. yn anfon yr hyn a eilw'r naill a'r llall yn llythyr at wrthrych eu serch. Ai dogfen fel y gwyddom ni am lythyr fyddai hwn, yn cynnwys neges serch, sef y cerddi hyn ac efallai nodyn mewn rhyddiaith, neu'n syml gyfathrebiad o unrhyw fath? Efallai mai mynd â'r enw a dynnwyd o'r het i olwg y cariad a wneid, a hawlio rhodd. Os y gerdd yw'r llythyr a genid honno ar y mesur a nodir, neu ei hanfon â llaw i ddrws tŷ'r cariad pe na cheid alaw?

O gael cydsyniad y ferch i gael paru ei henw gydag enw'r mab dros yr ŵyl, pennaf byrdwn y meibion yw cael gwisgo'r ferch, neu yng ngeiriau Jonathan Hughes:

> *Os cennad a ga', mi'ch gwisga'n gyhoeddus.*[53]

Mae Richard Thomas yn rhoi mwy o gig ar yr esgyrn ac yn datgan yn eglurach gais sawl un o'r ffolantwyr:

> *I wisgo eich enw gwastad*
> *Rwy'n gofyn cennad, clywch y cwyn,*
> *A hyn o dasg dan ddyddie'r Pasg,*
> *Y ganaid feinwasg fwyn.*[54]

Sonnir droeon a thro am gael gwisgo enw'r ferch tan y Pasg, hynny yw am gyfnod cyfyngedig. Beth tybed fyddai arwyddocâd hynny? Pwysleisir nad 'er mael' y dymunir cario enw'r ferch, ond oherwydd cwlwm cariad, er mwyn anwesu ei henw. O gofio bod cyfnod y Grawys yn pontio gŵyl Sant Falentein a'r Pasg, efallai

---

[52] *Isod cerdd 15, llau. 5-8.*
[53] *Isod cerdd 19, ll. 25.*
[54] *Isod cerdd 10, llau. 10-13.*

mai math ar ymatal fyddai cario enw merch, bod yn agos ati er ymhell. Os yw hynny'n taro'r glust yn haeriad ffansïol, digon teg, ond gweinyddid sawl priodas adeg y Pasg, yn dilyn y cyfnod hwn o hunanddarostyngiad a hunanymwadiad. Unwaith y ceid cefn y Grawys byddai'r byd yn troi'n ôl at ei hen bleserau.

Efallai y byddai'n annoeth edrych ar y caniatâd a roddid i wisgo enw'r ferch fel ymrwymiad pendant i'r dyfodol, yn arbennig o ystyried y cerddi i ferched priod. Canodd Edward Edwards yn y ddeunawfed ganrif i rywun y mae'n ei chyfarch fel Mrs N–M gan ofyn iddi am ganiatâd 'I'ch gwisgo yn ffri'.[55] Hyd yn oed gyn hwyred â'r trydydd o Fawrth 1663 yr oedd un wraig yn dal i wisgo enw Samuel Pepys ar ei mynwes, a hynny ar Ddydd Mawrth Ynyd:

And here Mrs. The. showed me my name upon her breast as her Valentine, which will cost me 20s.[56]

Go brin fod awgrym yma o anfadrwydd. Serch hynny, a ellid darllen yng nghaniatâd ambell un ambell waith barodrwydd ar ran merch i gael ei hystyried yn gymar posibl, ond nid un hollol bendant, yn y dyfodol? Yn sicr dyna a ddigwyddodd yn achos Ioan Siencyn; fe luniodd ef gerdd sy'n ddim llai na chynnig priodas, dan y teitl '... Valantine i'w gariad, a'i wraig yn ôl hynny'. Byddai'n ddiddorol gwybod ai adeg y Pasg y priododd, ac ai yn yr un flwyddyn â chanu'r gerdd hon.

K.R., rwyf fi'n dy ddewis di
Fod i myfi'n gydmares,
Fy nuwies gynnes, gu.[57]

Arfer cyffredin oedd gwisgo dilledyn newydd adeg y Pasg, neu wisgo ruban newydd. Byddai peidio yn gyfystyr â gwahodd anlwc. Meddai Peter Roberts am arfer a oedd yn rhan o fywyd y ddeunawfed ganrif Gymraeg:

---

[55] *Isod cerdd 16, ll. 8.*
[56] Diary and Correspondence of Samuel Pepys, F.R.S., *ed. Richard, Lord Braybrooke (London, 1906), cyfrol i, 429.*
[57] *Isod cerdd 23, llau. 38-40.*

It is thought (or was thought so) necescessary [sic] to put on some new portion of dress at Easter, and unlucky to omit doing so were it but a new pair of gloves or a ribband. This idea is evidently derived from the custom of former times, of baptizing at Easter, when the new dress was, in some degree, symbolical of the new character assumed by baptism.[58]

Efallai mai'r menig a gafwyd adeg gŵyl Sant Falentein a wisgid yn newydd adeg y Pasg. Fodd bynnag, fe wisgodd un o ffolantau Samuel Pepys, Mrs Martha, ei menig hi ar 24 Chwefror 1661:

My Valentine had her fine gloves on at church to-day that I did give her.[59]

O fynd gam ymhellach gellid cyplysu gwisgo menig a gafwyd yn anrheg gan gariad posibl yn rhagymadrodd i anrheg arall. Ceir yng nghasgliad personol Frank Staff amlen addurnedig yn cynnwys pâr o fenig, a rhwng y pâr hwnnw o fenig fe geir y cwpled a ganlyn:

In friendship as in Love's great pleasure triflings bring,
And many a pair of Gloves are prelude to a Ring.[60]

Cyn symud oddi wrth y gwisgo hwn, dylid treulio ychydig amser gyda chyfeiriadau eraill. Mae'r cariadfab am wisgo enw'r ferch, efallai yn ffigurol, efallai yn llythrennol ac yn gyhoeddus, i ddangos ei fod yn caru'n driw. Fe ddywed Jonathan Hughes y bydd Evan Evans yn rhoi enw da ei gariad, Jane Lewis, 'yng nghopa fy nghapan':

Eich enw da chwi fydd mowredd i mi
Dros ddeufis neu dri, y lili oleulan,
Yng nghopa fy nghapan, nid bychan fy mri.[61]

Dewis arall fyddai gofyn am lyweth o wallt. Hen draddodiad

---

[58] *Peter Roberts,* The Cambrian Popular Antiquities of Wales *(London, 1815), t. 124.*
[59] *Richard, Lord Braybrooke, op.cit., cyfrol i, t. 167.*
[60] *Frank Staff,* The Valentine and its Origins *(London, 1969), t. 81.*
[61] *Isod cerdd 19, llau. 31-3.*

yw cyflwyno cudyn cariad i gymar ei anwylo a'i werthfawrogi yn absenoldeb penaid go iawn o wallt i'w fyseddu.[62] Mae Dafydd Jones Trefriw yn gofyn i'w gariad ganiatáu iddo un deisyfiad:

Cael un o'ch gwallt chwi i'w roi ar 'y mhen i ...
Ac yna bydd hardd i'ch weled eich bardd
A'i goryn fel gardd ...[63]

Byddai gwisgo cudyn gwallt merch arbennig yn arwyddo teyrngarwch i ferch benodol, ac yn symbol diwyro o ffyddlondeb iddi.

Os nad yw pob bardd yn ddigon hy i ofyn am gudyn cariad i'w addurno ei hun ag ef, dewis arall o addurn oedd blodau, os dyna yw byrdwn y llinellau a ganlyn:

Dywyd pob cwmni o'ch achos, lloer wisgi,
Mai 'mhen i fydd pwysi'r cwmpasedd[64]

ac eto:

Eich enw, gwawr wen, fel blodau pêr bren,
G'leuni heb drueni yw fy mhwysi yn fy mhen.[65]

Yn gynnar yn y bedwaredd ganrif ar bymtheg yr oedd yn arfer gan blant tlawd a phlant dosbarth canol swydd Hertford fynd yn un orymdaith hir o gwmpas y cartrefi ar ŵyl Sant Falentein a byddai'r gymdogaeth yn taflu torchau blodau a chlymau cariad atynt. Yna

[62] *Yng nghyfrol John Jones (Myrddin Fardd), Llên Gwerin Sir Gaernarfon (Caernarfon, [1908]), t. 149, fe nodir enghraifft o ddefnyddio gwallt mewn defod i ragfynegi cymar bywyd: "Dwy ferch ifaingc eisteddant i fyny mewn ystafell wrth dân, ar eu penau eu hunain, rhwng deuddeg ag un o'r gloch y bore, heb siarad dim â'u gilydd; a hwy a dorant y naill oddiar ben y llall flewyn am hob blwydd o'u hoedran, ac a'u rhoddant mewn llian cri gyda pheth o'r llysieuyn a elwir 'gwir gariad,' a llosged pob un ef ar ei phen ei hun, gan ddywedyd yn isel y geiriau hyn: —'Rwy'n offrwm y gwir aberth yma i'r hwn sydd fwyaf gwerthfawr yn fy ngolwg, ac yn erchi iti ddyfod yrwan ag ymddangos o'm blaen. Ac ar y gair fe ymddengys eu cariadau i bob un yn rhodio o amgylch yr ystafell, eithr ni wel y naill gariad y llall."*
[63] *Isod cerdd 8, llau. 19, 23-4.*
[64] *Isod cerdd 4, llau. 15-16.*
[65] *Isod cerdd 3, llau. 7-8.*

byddai dwy neu dair o'r merched yn dewis un o'r bechgyn ieuengaf yn y criw a'i wisgo â'r torchau blodau hynny, a'i roi ar flaen yr orymdaith.[66] Ai rhywbeth tebyg sydd yma?
Dewis arall fyddai ruban. Fe gofir am gywydd Edward Morris a oedd yn datgan:

> *Hwylio mawredd helm urddas,*
> *Ruban gwyn ar ben ei gwas.*[67]

Byddai ruban gwyn, i anrhydeddu Margaret Wynne, yn addurn teilwng ac addas.
Arwyddion allanol o fynd 'tan nod' y ferch yw'r addurniadau hyn. Ceir y syniad o fynd tan rwymedigaeth i'r ferch, neu o fynd yn was iddi, mewn sawl un o'r cerddi, a dywedir hynny gyda balchder a chyda chryn ddifyrrwch.

> *Oherwydd fy mod yn mynd tan eich nod,*
> *I ddatgan eich clod mae 'nhafod yn rhydd*[68]

meddai Dafydd Jones o Drefriw.
Ond, wrth gwrs, fe ddisgwylid taledigaeth; fe ddisgwyliai'r bardd rywbeth yn gyfnewid am ei deyrngarwch.

> *Blode gwlad Troea, yn ddigysgod mi a'ch gwisga,*
> *Dewises y lana', hawddgara' wrth ei grudd;*
> *Chwi wyddoch y gyfreth am hyn o wasaneth,*
> *Mae imi daladigeth yn digwydd.*[69]

Ni nodir union natur y tâl hwnnw ond mae rhwymedigaeth foesol ar y ferch i ad-dalu'r anrhydedd o gael ei henw wedi'i gario. Yn ôl bardd arall, mae rhwymedigaeth gyfreithiol arni i wneud hynny, er mai â'i dafod yn ei foch y gwneir y datganiad.

> *... rwy'n gwisgo'ch enw,*
> *Cri air croyw loyw lein,*
> *Ceisiwch, gwenfron, lunieiddlon lili,*

---

[66] *Frank Staff*, ibid., t. 12.
[67] *Isod cerdd 1, llau. 75-6.*
[68] *Isod cerdd 8, llau. 25-6.*
[69] *Isod cerdd 4, llau. 9-12.*

Lwyr gyflawni ffansi, rhag ffein,
Parliament mwyngu sydd yn barnu,
Cyfraith mabiaeth meibion Cymru,
Y dylech dalu eich Falendein.[70]

Mae deddf gwlad y meibion ar waith yma, mae'n amlwg, ond daw'n amlwg hefyd o gerdd arall, y tro hwn o waith Ioan Siencyn ac ar ddeisyfiad Thomas Lewis o Bant Hwdog, Cynwyl Elfed yn sir Gaerfyrddin yn 1743, y byddai camau cyfreithiol yn cael eu bygwth ar unrhyw un boed fab neu ferch hyd yn oed os na chaent eu gweithredu, os na ddeuai ad-daliad am roddion. Teitl y gân yw 'Cwynfan merch a dalodd Valantein' ac fe adroddir ynddi stori am ferch yn derbyn 'Valant / Oedd galant ei gweled' gan Rys Dafydd, ac yn ei anrhydeddu yntau gyda gwerth grôt o ardyson yn ad-daliad. Yn anffodus yn yr achos hwn:

Pan cas e'r gardyson
O gwmpas ei goesau
Fe drows arna' ei gefen,
Gu feinwen, gwae finnau:
Merch arall a'i hudodd
Ac yntau yn anwadal,
Am dorri ei addewid
Fe ddaw arno ddial...
Myfi yn ei drwsio
A hi mynd â'i bleser.[71]

Ni ddeuai dim gofid cyfreithiol i ran y ferch: âi â'r dihiryn o flaen ei well ac yn Henffordd y byddai'r treial. Byddai wedi bod yn llawer haws arno ei chymryd hi o'r dechrau yn 'fwyn, burion gydmares' meddai.

Erbyn y bedwaredd ganrif ar bymtheg, bu tro ar fyd. Roedd rhodio llwybrau serch yn mynd yn fuenos peryclach, os rhywbeth, o ystyried yr elfennau newydd a ymddangosodd yn y canu yn ystod y ganrif. Oedd yr oedd y canu serch caruaidd gyda'r sôn am gariad pur, anrhegion, a'r Pasg, yn dal ei dir ond fe ychwanegwyd ato elfen ymosodol, neu bryfoclyd efallai, i nodi nad oedd pawb yn fodlon

---

[70] *Isod cerdd 11, llau. 20-6.*
[71] *Isod cerdd 22, llau. 31-8, 41-2.*

27

derbyn y drefn. Gyda dyfodiad y system bost, gellid postio pennill digon chwerw a sbeitlyd at y sawl a oedd wedi sathru eich cyrn yn ystod y flwyddyn. Y sawl a dderbyniai'r llythyr a dalai bris y stamp ac o dderbyn negeseuon sarrug a thalu am y fraint, byddai cryn ddrwgdeimlad mewn sawl cartref ar yr ŵyl. Derbyniodd y post gwynion gan sawl tad cynddeiriog y bu'n rhaid iddo dalu am lythyrau angharedig at ei ferch anolygus ac wrth i'r cyfryw genadwrïau ddod yn fwy a mwy cyffredin gorfu i Syr Francis Freeling, Ysgrifennydd y Swyddfa Bost adrodd ar y mater yn 1824:

> *I am induced to bring the subject of the postages charged on* Valentines, *sent by Post, before your Lordship [sef y Postfeistr-Cyffredinol], more especially as I have this day 8 or 10 applications from the Country, claiming a return of such postage.*
>
> *I must premise that from time immemorial the Post Office has* not *refunded postage on any thing of that description, but that in the year 1817 I made it a distinct question to the Law Officer of the Department, his opinion which, I now enclose, is clear and to the point, and has hitherto justified the old and immemorial practice of not returning the postage.*
>
> *We have however invariably relieved the applicants when there was any thing gross or personally offensive in the communication, and I have even proceeded further by ordering the postage to be reduced to a single letter when the Valentine has been sent in an Envelope.*[72]

O roi llythyr mewn amlen byddai'n rhaid talu cost ddwbl am ei gludo gan fod nifer y darnau papur y byddid yn eu cario, yn ogystal â phellter y daith, ynghlwm wrth yr asesiad pris. Ond yn dilyn ymdrechion Rowland Hill fe gafwyd y *Penny Post* a gellid anfon llythyr yn pwyso hanner owns i unrhyw fan yn y Deyrnas Unedig.

Oherwydd natur y penillion anghynnes a anfonid yn ddienw at ferched a achosodd dramgwydd mewn rhyw ffordd, ni chadwyd fawr ohonynt, ac nid rhyfedd hynny. Yr oedd sawl un yn gwawdio'n eithafol ac yn clwyfo i'r byw. Gydag amser fe anfonid nid yn unig bennill anserchus ond gyda dyfodiad cyhoeddi cardiau ffolant gellid hefyd anfon llun annymunol yn ei sgil. Cadwyd toreth o'r rhain yn amgueddfeydd Lloegr ond ychydig o rai o natur bersonol a oroesodd

---

[72] *Codwyd o Frank Staff, op.cit., tt. 44-5.*

yng Nghymru. Tueddwyd i gadw'r rhai prydferth, blodeuog, ac ychydig yn ffwdanus a sentimental am fod iddynt le yn serchiadau'r derbyniwr.[73] Un gân gomig bersonol a gadwyd, fodd bynnag, yw hon o blwyf Llanwenog yng Ngheredigion, dan y teitl 'Folant salw', gan fardd anhysbys:

Mae'r folant yma'n dangos
Shwt fachan wyti, Tomos;
Pwy all roi cusan fyth ar swch
Sy'n fwrfwch fel yr andros?

Mi rown lapswchad iti
Pe gwisget shilcen deidi,
A britsh ben-lin, a gwasgod flot
A cot fel Ianto Cati.[74]

Ond nid yw hon yn cymharu â'r cerddi cas, llawn gwenwyn a gadwyd yn Lloegr ac a ysgrifennwyd o lid y galon. Ychydig o ddigrifwch diniwed sydd yng ngherddi ffolant Cymru, lle ceir gwrthuni a hyd yn oed bornograffi dros y ffin. Enghraifft arall, ychydig yn llai diniwed na'r uchod, yw dau bennill o eiddo Ceiriog, wedi'i chyfeirio at 'Y Falanten Hyll':

'Rwy'n diolch am eich darlun,
Y mae e'n ddarlun da;
'Rwyf wedi torri'm hesgyrn
Efo Ha! Ha! Ha!
Pwy wnaeth eich darlun, Catrin,
Darlun mor dda?
Mae'n werth y byd o chwerthin,
O Ha! Ha! Ha!
Yr wyf yn fachgen gwirion,

---

[73] *Serch hynny fe gadwyd yn Amgueddfa Werin Cymru enghreifftiau o ffolantau cas ar faterion cyhoeddus: '... the comic valentine served as a vehicle for anonymous social criticism as the series of lithographed sheets attacking human foibles and trade shortcomings in the Museum's collection suggests', meddir yn Trefor M. Owen,* Welsh Folk Customs *(Cardiff, 1974), t. 158.*
[74] *Isod cerdd 38.*

Heblaw yn fachgen da,
Oherwydd torri'm calon
Efo Ha! Ha! Ha!
Ni thorraf byth fy nghalon
O eisiau 'ch llaw fach wen,
Ond gallaf dorri'm calon
Wrth chwerthin am eich pen.[75]

Câi cerddi ffolant doniol eu cylchredeg, yng Nghymru fel yn
Lloegr, ar ffurf taflen faled, a chadwyd dau gopi o'r un gerdd gan
fardd anhysbys, y naill gopi wedi'i argraffu gan W. Jones, Gazette
Office, Troed-y-rhiw, Merthyr Tudful a'r llall heb enw cyhoeddwr
wrtho. Dichon fod llawer rhagor o gerddi o'r un math yn cylchredeg
ar yr un pryd. Cerdd ddoniol yw hon eto, er mwyn apelio at y
farchnad, ac fe'i canwyd, gyda byrdwn, ar sawl achlysur gellid tybio.
Cadw cefn 'hen ferch' yw baich y gân, ac ymhyfrydu yn statws
merch ddibriod drwy daflu dŵr oer ar y delfryd a gynigir o'r bywyd
priodasol fel safon o ragoroldeb. Dyma flas ar y bardd yn tynnu
blewyn o drwyn y gŵr priod:

Edrycha o'i gwmpas gan sythu mor larch
Â phe bai o wedi ei drochi mewn starch;
A gwnewch iddo giniaw, ni thâl hi ddim byd,
Mae gormod neu fychan o rywbeth o hyd.

Cytgan:
  Mi fyddaf hen ferch, mi fyddaf hen ferch,
  Mor hyfryd yw bywyd a rhyddid hen ferch.[76]

Yn is-deitl i destun y gân hon, dan y teitl 'Valentine 'r hen ferch'
fe ychwanegwyd yr wybodaeth a ganlyn: 'Siân Llwyd, Bwth Unig,
at yr hen lanc, Siôn Wmffre, Llwyn Dedwydd'. Gellid gwneud llawer
o'r datganiad hwn—ei fod i weithredu'n sbardun, efallai, i Siôn
Wmffre godi o'i gadair a mynd ati i ddenu'r ferch, neu'n broc i'w
gydwybod mae'n bosibl; ei fod yn dangos meddwl deublyg Siân
Llwyd o'r Bwthyn *Unig* ar bwnc serch, sef ei bod yn dweud un peth
yn ei cherdd ac ar yr un gwynt yn awgrymu ei bod a'i llygad ar yr

---

[75] *Isod cerdd 30.*
[76] *Isod cerdd 40, llau. 17-20.*

hen lanc sy'n byw yn Llwyn *Dedwydd*; neu fod yma dynnu coes digon chwareus, a llawer o ddychymyg wrth enwi tai. Serch hynny, efallai ei bod yn werth nodi bodolaeth Bryn Dedwydd ar y map yn agos i Berthi Llwydion ger Cerrigydrudion. Elfen anghyffredin, os ymylol, yng nghanu ffolant y bedwaredd ganrif ar bymtheg yng Nghymru yw'r nodyn crefyddol a drewir yma ac acw. Heb amheuaeth parodd natur grefyddol y wlad, yn dilyn cynyrfiadau'r Diwygiad Methodistaidd, fod yr elfen ffiaidd yn cael ei chadw allan o'r canu ffolant Cymraeg ond mae dylanwad mwy uniongyrchol i'w weld weithiau. Rhestrwyd eisoes nifer o'r anrhegion y dymunai'r ffolantwyr eu derbyn. Yn y pennill dienw a ganlyn, nid menig nac un anrheg materol arall o fath yn y byd sydd ar y rhestr, ond:

> *Gwnewch gofio amdana i'n dyner,*
> *Feinwen syber, Fenws wen,*
> *Ymhob rhyw le, nes mynd i'r ne,*
> *Ac felly minne, Amen.*[77]

    Cael ei gofio'n dyner yw unig ddeisyfiad y bardd ac er bod gweddill y gerdd yn dilyn patrwm traddodiadol y canu ffolant mae'r llinellau clo yn torri tir tra gwahanol. Nid oedd y canu ffolant yn rhedeg yn esmwyth ochr yn ochr â chrefydd, a gwaharddwyd yr arfer o dynnu enw ar hap yn ystod teyrnasiad Oliver Cromwell, fel y gwaharddwyd hefyd y gwyliau i'r holl saint eraill yn ogystal â gŵyl Sant Falentein. Go brin y disgwylid i'r Methodistiaid chwaith gymryd at arferion o'r fath.

    Un gerdd sydd yn y casgliad hwn y gellid ei galw'n un gwbl grefyddol, sef cerdd gan awdur anhysbys y ceir copi ohoni yn llawysgrif LlGC 11990A, sef llawysgrif a ddyddir i'r ail ganrif ar bymtheg a'r ddeunawfed ganrif, ail gopi ohoni yn llawysgrif LlGC 9B, sef llawysgrif yn llaw Dafydd Jones o Drefriw, wedi ei dyddio rhwng 1736 ac 1755 a thrydydd copi ohoni yn llawysgrif Cwrt Mawr 171D, sef copi o LlGC 9B, yn llaw J.H. Davies, dyddiedig 1902. Nid oes teitl i'r gerdd hon yn y copi cyntaf a nodyd, ond yn LlGC 9B ychwanegwyd y teitl 'Carol y Valentine' gan law ddiweddarach ac fe'i copïwyd i lawysgrif Cwrt Mawr 171D. Gwaith Edward Morris, Perthi Llwydion, yw'r ddwy gerdd sy'n dod o flaen y gerdd hon yn llawysgrif LlGC 9B a'i eiddo ef hefyd yw'r gerdd sy'n ei dilyn, ond

---

[77] *Isod cerdd 26, llau. 14-17.*

anghyfrifol fyddai dyfarnu hon eto iddo heb dystiolaeth gadarnach.
Er bod i bennill cyntaf y gerdd sôn am fwynderau adar yn canu yn y tes, ar y cyfan neges ychydig yn ddwysach sydd i'r gerdd. Sgwrs rhwng y bardd a mwyalchen ydyw, a'r fwyalchen yn cynghori fel a ganlyn:

> 'Estyn dim nid elli ar d'oes,
> Na wna yn fyrrach, leiach loes,
> Gad ti hynny i'r Gŵr a'th roes,
> A ddioddefodd ar y groes
> I safio dy einioes di. '[78]

Cyfeirir at Josua (ll. 32), arweinydd yr Israeliaid wedi marwolaeth Moses, a'r un a lefarai eiriau doeth o gyfarwyddyd. Lluniodd Josua gyfamod yn Sichem y byddai Israel yn addoli Jehofa, nid duwiau'r Amoriaid, a gosododd ddeddf a chyfraith ar eu cyfer.[79] Yn y gerdd mae'r fwyalchen yn annog y bardd yn gyntaf i edifarhau ac yna i ddilyn llwybrau cyfiawnder, ac fe gaiff ei siars groeso.

> 'Dy gyngor, maith ordor, a'th eirda,
> Fwyalchen d[d]u gefen a gofia.[80]

Un deisyfiad arall sydd gan y bardd:

> A ddoi di'r haf i goed y rhiw,
> Nyni ein dau, i ganu i'n Duw
> O byddwn ni byw yn y byd?[81]

Nid oes arlliw o ddefodaeth y canu ffolant yn y gerdd hon ac mae'n debyg mai camgymeriad oedd rhoi iddi'r teitl 'Carol y Valentine' gan mai cân gyngor yw hi mewn gwirionedd.
Elfen newydd arall yng nghanu ffolant y bedwaredd ganrif ar bymtheg yw'r gyfeiriadaeth at anfon *folant* yn null anfon llatai. Cadwyd dwy enghraifft o blwyf Llandysul, sef cerddi 36 a 37 isod, dau bennill telyn y gellid eu hawdd eu defnyddio flwyddyn ar ôl blwyddyn, hyd yn oed os oedd eich het yn hongian ar fachyn gwahanol.

---

[78] *Isod cerdd 6, llau. 25-9.*
[79] *Josua pennod 24.*
[80] *Isod cerdd 6, llau. 42-3.*
[81] Ibid., *llau. 46-8.*

Folant fach, O! cerdd yn fuan,
Paid ag aros dim yn unman;
Disgyn lawr ar bost y gwely
Lle ma nghariad fach i'n cysgu.[82]

Pennill crwydr yw hwn a phenillion cyffelyb iddo, sydd wrth law yn ôl y gofyn ac yn gwneud eu gwaith yn effeithiol os ychydig yn ddieneiniad. Efallai mai ar gyfer eu taro i lawr ar gerdyn y'u lluniwyd. Ond am gân arall, 'Y Folantein' o waith Daniel Evans 'Daniel Ddu o Geredigion' (1792-1846) a oedd yn boblogaidd yn ardal Mynydd Bach, sef ardaloedd Trefenter a Blaenpennal yng nghanol Ceredigion, ganol y ganrif ddiwethaf, canu honno a wneid. Dyma'r ddau bennill clo:

O tro yn awr, tra'n iraidd,
I rwymyn cariad puraidd;
Cawn fyw mewn tes yn gynnes, Gwen,
A'n byd yn hufen hafaidd.

Mae'r gwanwyn ar egino,
Daw blodau'r haf i'w rhifo,
Anturia Gwen, mae natur gain
Yn cymell sain cydsynio.[83]

Byddai'r gerdd yn addas iawn ar gyfer gŵyl y cariadon er nad oes ynddi unrhyw gyfeiriadaeth ddefodol. Cyhoeddwyd y gerdd gydag alaw benodol ar ei chyfer yn brawf mai ar lafar y parheid o hyd i'w chyflwyno ganol y bedwaredd ganrif ar bymtheg.
Ond beth a wneir o gerdd John Rhys sy'n dwyn y teitl 'Pennill *i'w roi mewn* ffalendein i'w*ganu* ar fesur a elwir "Follow my Fancy"'? Diau y cyflwynid hi ar gân, yn ogystal â'i chyflwyno mewn*ffalendein*, sef mewn cerdyn. Mae'n debyg mai ocrdd yn peillyn I all hanner y bedwaredd ganrif ar bymtheg yw hon o eiddo John Rees o Lanrhaeadr-ym-Mochnant. Erbyn y cyfnod hwnnw yr oedd arddull cardiau ffolant yn un flodeuog iawn yn cynnwys, yn amlach na heb, dwlpyn tew o badin persawrus o'r math a gysylltir ar unwaith â'r farchnad Fictorïaidd. Gellid ychwanegu'r pennill gweddol hir hwn o

---

[82] *Isod cerdd 37.*
[83] *Isod cerdd 33, llau. 33-40.*

33

dair llinell ar hugain at foeth cerdyn o'r fath.

Erbyn diwedd y bedwaredd ganrif ar bymtheg a dechrau'r ugeinfed ganrif yr oedd y traddodiad o anfon cardiau ffolant a phenillion a negeseuon yn tynnu ei draed ato. Ni ddarfu amdano'n llwyr ond digon dilewyrch fu ei gyflwr am sawl degad. Yn chwedegau'r ganrif hon fe ddaeth adfywiad ac er gwaethaf ymdrech lew ar ran cenedlaetholwyr Cymraeg a ffrindiau'r iaith, ni lwyddodd dathliadau Dwynwen, santes y cariadon Cymraeg sydd â'i dydd gŵyl ar 25 Ionawr, i sgubo dathliadau gŵyl Sant Falentein i'r cysgodion. Mae'n mynd o nerth i nerth (er nad felly swmp y penillion Cymraeg) tra bu cryn edwino ar ddathliadau Dwynwen yn ddiweddar.

Go brin y byddai achos cryf gan neb i gredu bod rhinweddau llenyddol cryf ac amlwg yn y penillion Cymraeg a genid ar ŵyl Sant Falentein. Digon carbwl yw sawl un, a'u statws fel penillion at iws gwlad yn gwbl eglur. Perthyn i fyd ymarferoldeb a wnânt yn hytrach nag i fyd breuddwydiol serch cwrtais, ac efallai fod hynny lawn cystal, achos fel y dywedodd y dihafal Lewis Morris am ei freuddwydion ef:

Mi fydda finnau yn breuddwydio am virtu *weithiau, ond nid oes fawr o'm breuddwydion yn dyfod i ben.*[84]

---

[84] The Letters of Lewis, Richard, William and John Morris, 1728-65, *cyfrol ii, ed. J.H. Davies (Aberystwyth,1907-9), t. 51.*

Cerddi
Ffolant

1
Cywydd i Mrs Margaret Wyn o Gwm Ein
i ofyn Valentine i David Davies

Mae un ardd am ddawn urddas
Yn llawn o glod fel llwyn glas,
Ail i Eden oleudeg
4   Yw'r llwyn a dw', a'r lliw'n deg;
Bryniau gwiw, heb rew na gwynt,
Yn flodau nefawl ydynt
Ac un pwysi gwyn peiswyrdd
8   Ymwisg â mawl ymysg myrdd;
Pêr ei arogl, pur euraidd,
Blodeuog wir enwog wraidd;
Marged Wyn, mawr gadwyni,
12   Meini claer i'w mwnwgl hi,
Ebrill gwawn, briallu gwŷdd,
Meillionen, mwy llawenydd,
Llygaid dydd, llu ced diddos,
16   Daw mwsg o'r un damasg ros,
Sirianen sy aur eneth,
Lliw'r saffrwm ei blaenglwm bleth;
Gwaedoliaeth a gydeiliodd
20   Â glendid pryd, rhwyddfyd rhodd;
Trwy ddoniau natur ddynol
Didwn air, nid ydyw'n ôl;
Dw' gwiwlwys, diau galwn,
24   Dyrchafiad y tyfiad hwn;
Y cyrraedd hon, cu rwyddhau
Ddawn gras dda enwog risiau,
A chyflawnder, hoywder hawl,
28   Hoff rad doniau ffortunawl.
Ufudd was wy', foddau serch,
Câr i hon ceir ei hannerch,
Câr gwael wyf, cywir goel aeth
32   Mor ddedwydd mawredd odiaeth.
F'enaid oedd fy nedwyddwch,
Godi 'mhen llawen o'r llwch;

Bachgen wy' heb och gen i,
36   E dywynnodd daioni,
Arafa' pwyll, ar fab bach
O'i fawr awydd foreach;
Bore gwanwyn, brig einioes,
40   Gyfan fydd a gofia'n f'oes;
Obaith codiad, byth cadwa'
Yn ŵyl y dydd annwyl da,
Uchelwyl iawn lawn o les
44   Fawr a gwledd fy arglwyddes,
Y pedwerydd dydd, diau
Wir adde' clod, ar ddeg clau
O Chwefror oedd a chyfri,
48   Ddwyn mawr ddaioni i mi.
Honno ei gwir henw y ges
Lleuad doniau, lle tynnes
Valentine, foliant hynod,
52   Clo des dawn, clau destun clod,
Foesgarwch o fysg eraill,
I gyd o'r llaw, gado'r lleill;
Damweiniodd, mi a'i dymunes,
56   Dan fy llaw, dyna fy lles;
Papur oedd, pob rhai wyddant,
Di-wael gwych a dalai gant,
Mynnwn gael, am uniawn go'
60   Yr awron ei oreuro
Ag aur tawdd, all hawdd wellhau
Y lithr yn ei lythrennau.
Pan wybûm pa enw o barch
64   Y gefais i i'w gyfarch
Neidiais fael hirgais fel hydd,
Awr lân, o wir lawenydd;
Gwasgu y wnawn, yn llawn lles
68   Henw'r fun hon i'r fynwes,
A'i gusanu, gais hynod,
Gwn o barch ac un ei bod,
Ac ar 'y mhen gwiw rym hawl,
72   Ffafr ydy' hoff hyfrydawl;
Gwell gen i, a henwi hon,
Yno ei chyrredd na choron;

Hwylio mawredd helm urddas,
76 Ruban gwyn ar ben ei gwas,
Lliw a wisga i'n 'wyllysgar,
Lliw hon pob calon a'i câr;
O caf einioes, cof iawnwedd,
80 Ennyd o febyd i fedd,
Nid â i'm pen, na dim pall,
Yn hen ŵr, un henw arall.
Cynta' un cawd daioni,
84 Was go sâl y wisgais i;
A di-gudd y digwyddo
Doeth o ferch diwaetha' fo,
A'i maddeuant, buddiant byd,
88 Am y rhyfyg mawr hefyd.
Edward Morris

Ffynonellau
Caerdydd 4.10, 875-6
Gwenllian Jones, 'Bywyd a Gwaith Edward Morris Perthi Llwydion',
(traethawd ymchwil Prifysgol Cymru [Aberystwyth], M.A., 1941), 256-
7

Darlleniadau amrywiol
ll. 12 yw'[i] mwnwgl (Gwenllian Jones, *op.cit.*)
ll. 15 llu(g)ed diddos (Gwenllian Jones, *op.cit.*)

Dyddiad
Nis nodir ond dyddiadau'r bardd yw ?1633-89.

Ardal
Ardal y bardd yw Perthi Llwydion, Cerrigydrudion, sir Ddinbych; mae
Cwm-main i'r de o Gerrigydrudion, yn sir Feirionnydd.

Nodyn
Lluniwyd y cywydd ar ran David Davies i ofyn am Mrs Margaret
Wynne yn falentein iddo.

Mesur
Cywydd

2
I ddiolch am rodd Valentine

Y liwgar olygus, gain seren gysurus,
Lon, heini, lân, hoenus a dawnus ar dw',
Mi fydda, mae'n fuddiol, eich cofio yn wastadol,
4   Bun weddol, dda, foesol, ddifasw.

Rwy' tan rwymedigeth, yn ôl fy ngwybodeth,
I ddiolch yn heleth, wych odieth, i chwi
Am ddangos mor weddedd eich cariad helaethedd
8   Trwy fwynedd ddiomedd, dda i mi.

Chychwi yw'r garedica, fwyn, weddedd fun wiwdda
A'r helaeth wawr haela, hawddgara deg wedd,
Hyfrydwch y frodir a seren y Teirsir
12   Ac eglur, dda feinir addfwynedd.

El eurwych, El ara', El glirwen, ail Gloria,
El rasol, ail Rosa, chwi roesoch, main dw',
Rodd imi 'n ôl 'r amod, mewn wllys da, parod
16   Yn Valentine hynod, dan henw.

Er mwyn eich gwir gofio mi gadwa nhw er gwirio
Y rhodd tra parhatho, er clirio ar eich clod,
A gweddus yw imi roi diolch amdani
20   I chwi, y fun heini, fwyn, hynod.

Rhof ganwaith ar gynnydd, da goelion digelwydd,
Ddiolch i chwi beunydd, lon beunes, lle bwyf,
A'ch clod yn ddiogan a fydd yn ei datgan
24   Yn ddiddan, lliw'r wylan, lle'r elwyf.
                Edward Morris

Ffynonellau
LlGC 9B, 192
Barddoniaeth Edward Morris Perthi Llwydion, gol. Hugh Hughes
(Liverpool, 1902), 49-50
Blodeu-gerdd Cymry, Dafydd Jones (Amwythig, 1759), 122-3

Gwenllian Jones, 'Bywyd a Gwaith Edward Morris Perthi Llwydion', (traethawd ymchwil Prifysgol Cymru [Aberystwyth], M.A., 1941), 378

Darlleniad amrywiol
ll. 13 Glora (LlGC 9B, 192)

Dyddiad
Nis nodir ond dyddiadau'r bardd yw ?1633-89 .

Ardal
Nis nodir ond ardal y bardd yw Perthi Llwydion, Cerrigydrudion, sir Ddinbych.

Mesur
Tri thrawiad sengl; gellid canu'r gân ar *Gadael Tir y ffordd hwyaf,* gweler *Hen Alawon (Carolau a Cherddi),* gol. Phyllis Kinney a Meredydd Evans (Cymdeithas Alawon Gwerin Cymru mewn cydweithrediad ag Amgueddfa Genedlaethol Cymru (Amgueddfa Werin Cymru), 1993), rhif 42.

3
Dechre dau bennill Falendein ar *Sunselia*

Y gangen ddi-gudd, lon, beraidd, lawn budd,
Bur, frigog, odidog a gwridog ei grudd,
Drych yn y dre' a lloer ym mhob lle,
4   Gwedd seren siriolwen A geinwen ac E;
Gwisgo rwy y rhain er mwyn eich corff cain
Sydd loywach a phurach, eglurach na'r glain;
Eich enw, gwawr wen, fel blodau pêr bren,
8   G'leuni heb drueni yw fy mhwysi yn fy mhen.

Mi fynna 'n fy lein, lân deg Falandein,
I dreio'ch caredigrwydd, gwir sicrwydd yw'r sein;
Eich tegwch eich hun yn anad yr un
12   Yr ydw' yn ei ddewis, llewyrchus ei llun,
Ac oni cha i chwi, hoff rosyn, yn ffri,
Caf docyn cyn Clame, diame ydwy' i.
Mi a'i gwisga' bob dydd tra bo chwi â'ch llaw 'n rhydd
16   I gofio'ch hawddgarwch, difyrrwch da fydd.
                  [Huw Morys]

Ffynonellau
Cwrt Mawr 225B, 48
Eos Ceiriog, sef Casgliad o Bêr Ganiadau Huw Morus, cyfrol i
(Gwrecsam, 1823), 121

Darlleniadau amrywiol
teitl: Dau bennill i ferch ieuanc, ar yl Valentine (*Eos Ceiriog...*, 121)
ll. 8 fy mhwsi ar (*Eos Ceiriog...*, 121)
ll. 9 Y fi a lyna'n (*Eos Ceiriog...*, 121)
ll. 15 a'ch llawn'n (Cwrt Mawr 225B, 48)
Ni nodir awdur yn llawysgrif Cwrt Mawr 225B

Dyddiad
Nis nodir ond dyddiadau Huw Morys yw 1622-1709 a dyddiad y
llawysgrif yw 1779.

Ardal
Nis nodir

Nodyn
Penillion a luniwyd i A[   ] E[   ]

Mesur
Ar *Sunselia* gweler *Hen Alawon (Carolau a Cherddi),* gol. Phyllis
Kinney a Meredydd Evans (Cymdeithas Alawon Gwerin Cymru mewn
cydweithrediad ag Amgueddfa Genedlaethol Cymru (Amgueddfa Werin
Cymru), 1993), rhif 46.

4
Penillion Malandein neu Valentine

Lliw heulwen gynhesol, bêr gannwyll gynhyrchiol,
A drefnodd Duw nefol nod reiol ar dro'd,
Ei hil, am haelioni, yn ôl ei rhieni,
4   Ni fedra i mo'u henwi yn eu hynod.

Eich enw, y fun fwynedd, a dynnes, nod iawnedd,
Yr ewig arafedd, hoff iredd ei phart,
Rwy'n rhoddi fy ngobeth fod imi or'chafieth
8   Oherwydd sein odieth Siân Edwart.

Blode gwlad Troea, yn ddigysgod mi a'ch gwisga,
Dewises y lana', hawddgara' wrth ei grudd;
Chwi wyddoch y gyfreth am hyn o wasaneth,
12   Mae imi daladigeth yn digwydd.

Myfi a lawenes yr awr y dewises
Y dduwies, hardd beunes fwyn, gynnes ei gwedd;
Dywyd pob cwmni o'ch achos, lloer wisgi,
16   Mai 'mhen i fydd pwysi'r cwmpasedd.
                            Dienw

Ffynonellau
Cwrt Mawr 231A, 35
Cwrt Mawr 225B, 35-6

Darlleniadau amrywiol
ll. 1 heulen (Cwrt Mawr 225B, 35)
ll. 7 ngobeth im orchafieth (Cwrt Mawr 231A, 35)

Dyddiad
Nis nodir ond copïwyd llawysgrif Cwrt Mawr 231A rhwng yr ail ganrif
ar bymtheg a'r bedwaredd ganrif ar bymtheg; copïwyd llawysgrif Cwrt
Mawr 225B yn y blynyddoedd 1775-80, a chodwyd y gân hon o
lawysgrif Cwrt Mawr 231A.

Ardal
Nis nodir

Nodyn
Lluniwyd y gân ar gyfer Siân Edwart.

Mesur
Tri thrawiad sengl; gellid ei chanu ar *Gadael Tir y ffordd hwyaf,* gw
Hen Alawon (Carolau a Cherddi), gol. Phyllis Kinney a Meredydd
Evans (Cymdeithas Alawon Gwerin Cymru mewn cydweithrediad ¡
Amgueddfa Genedlaethol Cymru (Amgueddfa Werin Cymru), 199'
rhif 42.

5
Dau bennill i ofyn calennig am falandein

Hyd atoch, lloer gellwerus, afieithus foddus fun,
Nef annwyl, bryd [T]ua[n/r]a, llawena', llona' ei llun:
Rwy'n danfon, trwy lawenydd, yn siŵr oherwydd serch,
4   I'ch annerch, main ei chanol, synhwyrol, foddol ferch;
Darllenwch chwithe'r llythyr ar eglur gywir gân,
Na bydded gas y gennad, fy nghariad, leuad lân.

Nesu wnaeth y nosweth, fun eiddil, gynnil, gain,
8   Fe ddoeth y dy'gwyl weithian i dynnu'r falandein.
[Rho]ddodd imi heddiw eich iawnedd enw chwi
[ ]h llaweroedd eraill, fwyn ddidwyll gannwyll gu;
[ ]ch gwisgo, gwenfron, loer hinon o liw'r ha',
12   [ ] imi'n hwylus ystor o'ch 'wyllys da.
               E.W.

Ffynhonnell
LlGC 431B, 28

Dyddiad
Nis nodir ond dyddiad y llawysgrif yw diwedd yr ail ganrif ar bymtheg,
gydag ychwanegiadau diweddarach.

Ardal
Nis nodir

Mesur
Nis nodir; gellid ei chanu ar *Bryniau'r Iwerddon,* gweler *Hen Alawon
(Carolau a Cherddi),* gol. Phyllis Kinney a Meredydd Evans.
(Cymdeithas Alawon Gwerin Cymru mewn cydweithrediad ag
Amgueddfa Genedlaethol Cymru (Amgueddfa Werin Cymru), 1993),
rhif 45 o ailadrodd yr ail gwpled.

6
Carol y Valentine

'Nos da i'r fwyalch, ddifalch ddawn,
Swydd bron haul sydd brynhawn,
Hyd y gwŷdd, gwinwydd gwawn,
4   Llon o nwyf, yn llunio'n iawn
Llawenydd llawngar lles.'
'Mi wna fy rhan, yn ôl fy rhyw,
Yn anad un, yn enw Duw,
8   Yr adar bach yr ydw i'n byw
Canai yn llafar claear clyw
Yfory od yw hi des.
Pam, Harri, mor ddifri mae'r ddwyfron?
12   Cais blethu neu nyddu newyddion.
Oni wyddost beth a'i gwnaeth
Ni chei mwy na chwyn na maeth
Rhyw ffeiriedyn ffrityn ffraeth,
16   Ar amod hwn a rwymai'n gaeth,
Ni feddai saeth i serch.
Nid brydd-der maith arfer mo'th orfod,
Daw amser a llawnder ollyngdod.'
20   'Och! i'r byd, penyd pwys,
A'i ofalon dewrion dwys
Y gwrie'r maen wâr geirie mwys,
Hynny a'm gyr i dan y gwys
24   Nid gwaith un feindlws ferch.'

'Estyn dim nid elli ar d'oes,
Na wna yn fyrrach, leiach loes,
Gad ti hynny i'r Gŵr a'th roes,
28   A ddioddefodd ar y groes
I safio dy einioes di.'
'Dy eirie doeth a dery yn da,
Heno, yn wir, hynny a wna,
32   Yn gadarn gyda Josua.'
'Er dawn, yn rhwydd, edifarha
Yn gyntaf rhwydda rhi;
Gad ymeth bob arteth cybydd-dra

36 Nid mwy o draws eirie a drysora
    Ni roes fy Nuw imi'n fy nerth
    Na chwys na chod sorod serth
    Ond hel i bigo o lawer perth
40 Oddi yma i'r fedwen geinwen gerth
    I ganu yn brydferth bryd.'
    'Dy gyngor, maith ordor, a'th eirda,
    Fwyalchen d[d]u gefen, a gofia,
44 Hi aeth yn nos agos yw
    Ffarwél i'r llwyd, cywira o'r lliw,
    A ddoi di'r ha i goed y rhiw,
    Nyni ein dau, i ganu i'n Duw
48 O byddwn ni byw yn y byd?'
                            Dienw

Ffynonellau
LlGC 11990A, 54-6
LlGC 9B, 193-4
Cwrt Mawr 171D, 128-9

Dyddiad
Dyddiad llawysgrif LlGC 11990A yw'r ail ganrif ar bymtheg a'r
ddeunawfed ganrif, copïwyd LlGC 9B rhwng 1736-55 ac yn 1902 y
copïwyd llawysgrif Cwrt Mawr 171D.

Ardal
Mae'r llawysgrif yn ymwneud yn bennaf â gwaith Dafydd Jones 'Dewi
Fardd' (1708?-85) o Drefriw.

Mesur
Nis nodir.

7
Pennill o fawl i ferch ar y mesur a elwir
Milking Pail

Derbyniwch, Ieuad lon, naturiol freiniol fron,
Y g'lomen, glod, ichwi mae'n bod, gain hynod, y gân hon.
Yn falentein heb fael, ail Helen heulwen hael,
4   Digwydde i'm rhan, blodeuyn pob man, eich enw gwiwlan gael.
O fysg y teg, da fri di-freg, fun landeg hoywdeg hy,
Eich cael a wnawn, deuliw'r gwawn, a'ch llewyrch llawn,
Wenynen iawn, oreuddawn gyflawn gu.
8   Gwybyddwch fwyn, dan gofio nghwyn, mai fi sy yn dwyn y dasg,
Drwy wisgo yn glyd o flaen un o'r byd mewn cariad cyd
Eich enw o hyd fel penyd tan y Pasg.
                    Dienw

Ffynonellau
Caerdydd 3.68, 95
Caerdydd 2.14, 68

Darlleniadau amrywiol
teitl y gân yn llawysgrif Caerdydd 2.14, 68 yw *pennill i'w falentein*
ll. 3 Yn ffalentein heb ffael, ail Elan haelwen hael (Caerdydd 3.68, 95)
ll. 5 O fysg deg (Caerdydd 3.68, 95)
ll. 8 Ow! byddwch fwyn tan gofio cwyn un mab sy'n dwyn y dasg
(Caerdydd 2.14, 68)
ll. 9 Drwy wisgo yn glyd eich henw o hyd mewn cariad cyd (Caerdydd
2.14, 68)
ll. 10 O flaen un o'r hyd fel penud tan y Pasg (Caerdydd 2.14, 68)

Dyddiad
Nis nodir ond copïwyd llawysgrif Caerdydd 2.14 rhwng 1720 a 1736, y
rhan fwyaf ohoni wedi'i chopïo rhwng 1720 a 1724; copïwyd llawysgrif
Caerdydd 3.68 rhwng 1730 a 1740.

Ardal
Nis nodir ond copïwyd llawysgrif Caerdydd 2.14 gan William Rowland
o'r Hendy; copïwyd llawysgrif Caerdydd 3.68 gan Robert Thomas,

Carneddi, Beddgelert rhwng 1730 a 1735 a'r ychwanegiadau gan
William Griffith o Ddrws-y-coed, *c.* 1740.

Mesur
Ar *Milking Pail* gweler Claude M. Simpson, *The British Broadside
Ballad and its Music* (New Brunswick, 1966), 492.

8
I ofyn Falandein

J ac A, heulwen ha', hoyw wên serchog,
Yw f'angyles enwog, E ac N, walches wen
A ga' dros ben hawddgarwch byd.
4   F ac O, drefnus dro, drwyadl ei 'madroddion,
Lana' erioed a welson', U, L, K, vowels da,
Galonnog o'r lawena' i gyd.
Eich enw chwi ddae' i mi o ddeg
8   Yn Falandein mae'r ddalen deg,
Na ruswch yn rhoi rhodd, mae'n hawdd rhyngu 'modd
Mewn bydol fodd, wybodol ferch;
Wrth wisgo'r naw llythyren gain
12   Synnu rwy'n cydseinio y rhain
Wrth gofio eich pryd glân, dan iraidd frig mân,
Eurlwys eirian sidan serch;
Rwy'n gwybod, cyn dyfod i bennod y Pasg,
16   Fy rhiain fwyn, eglur, y bwriwch eich tasg,
Nid rhaid imi enwi dim ichwi, fy mun,
Y peth a fo gweddol chwi a'i gwyddoch eich hun:
Cael un o'ch gwallt chwi i'w roi ar 'y mhen i
20   Er mendio fy mri, lliw ewyn y lli,
Mi fyddwn mor llon ag oedd Absalon,
Hyfrydwch i'w fron, ar doriad y dydd,
Ac yna bydd hardd i'ch weled eich bardd
24   A'i goryn fel gardd, ei galon a chwardd
Oherwydd fy mod yn mynd tan eich nod,
I ddatgan eich clod mae 'nhafod yn rhydd.
Dafydd Jones

Ffynonellau
LlGC 9B, 15-16
LlGC 21738B, 22ᵛ
Cwrt Mawr 128A, 208-9
Dafydd Jones, *Blodeu-gerdd Cymry* (Treffynnon,1823), 179-80

Darlleniadau amrywiol
ll. 2 walched (Cwrt Mawr 128A, 208)

ll. 3 Ac E dros ben (LlGC 9B, 15; *Blodeu-gerdd Cymry* 179)
ll. 5 dda (LlGC 9B, 15; LlGC 21738B, 22ᵛ)
ll. 9 mae'n hawdd rhannu y modd (LlGC 9B, 15; Cwrt Mawr 128A, 208)
ll. 13 Gan gofio (LlGC 9B, 15)
ll. 14 aurlwys Irlan (Cwrt Mawr 128A, 208)
ll. 18 a gweddol (Cwrt Mawr 128A, 208)
ll. 19 roi yn y mhen i (Cwrt Mawr 128A, 208)
ll. 20 fo mendiau fy mri (Cwrt Mawr 128A, 208)
ll. 21 Ni fyddwn (LlGC 9B, 15)
ll. 22 Hyfrydwch y fron (LlGC 9B, 15; Cwrt Mawr 128A, 208)

Dyddiad
Nis nodir ond dyddiadau'r bardd yw ?1708-85.

Ardal
Nis nodir ond gr o Drefriw oedd y bardd.

Nodyn
Lluniwyd y gân ar gyfer Jane Foulk.

Mesur
Ar *Ymdaith Mwngc (The Lord Monk's March)* gweler Edward Jones, *Musical and Poetical Relicks of the Welsh Bards* (London, 1784), 67.

9
Dau bennill Malam teim

Glana' beunes, glain y bonadd,
Dda, dwys haeladd, gymra hawl,
Trawych lodes, drych gweledydd,
4   Lliwod moelydd, lleuad mawl;
Duw gin niriad, degan eurad,
Medd y wedd bun lwysedd lun,
Dewr o foliant ydi drefoledd bloda
8   Merod bloda mowrion breichia
A wnaeth rhinwedd mwya ai thrin
Iachus eneth ei chusanu
Glâ waun ar goron ar gwin
12   Gwell na siwgur holl na seigiau
Goelbur, owchus gowlad imi
Blys i mi na blas ei min.

Lloer ireiddwen, wiwlon lywaeth,
16   Gannwyll afiaith gain ei llun,
Wiwlan hoyw o galon helaeth
Fwyn lyfodraeth fun aur lun;
Tegan tegwch, harddwch urddol,
20   Gywir reiol, fel dyna'r sein,
Gwas gwych iawn, rwy'n gwisgo'ch enw,
Grefydd groyw loyw lein,
Meddyliwch, gwenfron, lunieiddlon lili,
24   Gywir gyflawni eich ffansi, rhag ffein,
Balmamand mwyndar sydd yn barnu,
Gyfraith mabiath meibion Gymru,
Gofiwch dalu Malam dein.
                    Dienw

Ffynhonnell
Peniarth 244B, 91

Darlleniad amrywiol
ll. 27 Malam deim (Peniarth 244B, 91)

Awdur
Ni nodir awdur yn y llawysgrif ond cymharer ail bennill cerdd
Cadwaladr Morus isod cerdd 11.

Dyddiad
Nis nodir ond dyddiad y llawysgrif y'i copïwyd iddi yw *c.* 1735.

Ardal
Nis nodir ond eiddo Richard Wiliam, clochydd Llanllyfni yn sir
Gaernarfon oedd y llawysgrif.

Mesur
Hud y fedlemas newydd a nodir fel alaw. Ni ddaethpwyd o hyd i alaw
o'r un enw yn y casgliadau. Tybed ai *Hud y Frwynen* a olygir? Gellid ei
chanu ar yr alaw honno, gweler *Cylchgrawn Cymdeithas Alawon
Gwerin Cymru,* iii, t. 14, a hefyd ar *Diniweidrwydd,* gweler *Hen Alawon
(Carolau a Cherddi),* gol. Phyllis Kinney a Meredydd Evans
(Cymdeithas Alawon Gwerin Cymru mewn cydweithrediad ag
Amgueddfa Genedlaethol Cymru (Amgueddfa Werin Cymru), 1993),
rhif 36.

Dylid nodi hefyd fod blerwch yn llinellu'r pennill cyntaf ac fe sylwir
fod iddo linell yn rhagor nag sydd yn yr ail bennill. Digwyddodd y
camsyniad yn llinellau 7-11.

10
I ofyn Malandein ar *Charity Mistress*

Derbyniwch gen i ganiad,
Hoff rediad ffri,
I'ch annerch chwi
4   I ddangos fy ewyllysgarwch
Am hyn na fernwch fi.
Yr awen fach a rewodd
A dylodd dawn llawenydd llawn,
8   Gwell gennych na goganu
Bardynu yn barod iawn.
I wisgo eich enw gwastad
Rwy'n gofyn cennad, clywch y cwyn,
12   A hyn o dasg dan ddyddie'r Pasg,
Y ganaid feinwasg fwyn;
Nid er mael na phower
Ond o bleser mwynder maith
16   Gwnewch chwithe â mi, lliw ewyn lli,
A fynnoch gwedi'r gwaith.
Richard Thomas

Ffynonellau
LlGC 9B, 16
Cwrt Mawr 128A, 391
Cwrt Mawr 171D, 31

Darlleniad amrywiol
teitl: yr unrhyw etto; ar Charity Meistres (LlGC 9B, 16)

Awdur
Yn LlGC 9B, 16 ychwanegwyd, mewn llaw arall, enw Richard Thomas;
yn llawysgrif Cwrt Mawr 128A, 391 nodir enw Dic Thomas; yn
llawysgrif Cwrt Mawr 171D fe'i priodolir i Richard Thomas.

Dyddiad
Nis nodir: 1736-55 yw dyddiad copïo llawysgrif LlGC 9B, 1738 yw
dyddiad llawysgrif Cwrt Mawr 128A ac yn 1902 y copïwyd llawysgrif
Cwrt Mawr 171D.

Ardal
Nis nodir: llaw Dafydd Jones ('Dewi Fardd') o Drefriw a gopïodd y gerdd hon i lawysgrif LlGC 9B; 'Llyfr Ofer Gerddi Margaret Davies 1738' yw teitl llawysgrif Cwrt Mawr 128A, sef Margaret Davies o Goetgae-du, Trawsfynydd; J.H. Davies a gopïodd Cwrt Mawr 171D.

Mesur
Dilewyd enw'r alaw yn LlGC 9B, 16. Ar *Charity Mistress* gweler *Elusenni Meistres* yn *Hen Alawon (Carolau a Cherddi),* gol. Phyllis Kinney a Meredydd Evans (Cymdeithas Alawon Gwerin Cymru mewn cydweithrediad ag Amgueddfa Genedlaethol Cymru (Amgueddfa Werin Cymru), 1993), rhif 26.

11
I ofyn falentein ar *Diniweidrwydd*

Gwawr oleugu, gwâr olygon,
Gangen hoywfron, hyfryd yw,
Feingan fwyngu, fun rywiogedd,
4   Glain egluredd, arafedd ryw,
Seren siriol, nefol, nwyfus,
Riain barchus, hoenus, hael
Mi ges eich enw ar gais ni chwyna,
8   Blodau'r dyrfa mwya mael:
Ceisiwch, gwenfron, linieiddlon lili,
Lwyr gyflawni ffansi, rhag ffael;
Nid wy'n tasgu glendid Cymru
12   Ond y byddoch i'w chwenychu,
Feingan fwyngu, fain ei hael.

Lloer oleuwen, lliw aur lywaeth,
Gannwyll afiaith gain ei llun,
16   Wiwlan hoywlan galon helaeth
Drwy lywodraeth feinaur lun;
Tegan tegwch, harddwch urddol,
O ryw reiol, dyna'r sein,
20   Gwas gwych iawn, rwy'n gwisgo'ch enw,
Cri air croyw loyw lein,
Ceisiwch, gwenfron, lunieiddlon lili,
Lwyr gyflawni ffansi, rhag ffein,
24   Parliament mwyngu sydd yn barnu,
Cyfraith mabiaeth meibion Cymru,
Y dylech dalu eich Falendein.
Cadwaladr Morus

Ffynonellau
LlGC 9B, 15
Cwrt Mawr 128A, 209-10
Cwrt Mawr 171D, 31

Darlleniadau amrywiol
ll. 9 Gellwch gwenfron (Cwrt Mawr 128A, 209)

ll.11 Hardd gyflawni (Cwrt Mawr 128A, 209)
ll. 12 ond a fyddo chwi (Cwrt Mawr 171D, 31)
ll. 14 oleulan (LlGC 9B, 15; Cwrt Mawr 171D, 31)
ll. 19 siriol (LlGC 9B, 15; Cwrt Mawr 171D, 31)
ll. 22 loywlon lili (LlGC 9B, 15; Cwrt Mawr 171D, 31)
ll. 23 Wir gyflawni (LlGC 9B, 15; Cwrt Mawr 171D, 31)

Awdur
Ychwanegwyd enw Cadwaladr Morus, mewn llaw wahanol, yn LlGC
9B, 15; cymharer yr ail bennill ag ail bennill cerdd 9 uchod.

Dyddiad
Nis nodir ond dyddiad copïo llawysgrif LlGC 9B yw 1736-55, dyddiad
copïo llawysgrif Cwrt Mawr 128A yw 1738 a dyddiad copïo llawysgrif
Cwrt Mawr 171D yw 1902.

Ardal
Nis nodir ond copïwyd llawysgrif LlGC 9B gan Dafydd Jones ('Dewi
Fardd') o Drefriw ac ardal llawysgrif Cwrt Mawr 128A yw
Trawsfynydd.

Mesur
Teitl y gân yn LlGC 9B, 15 yw *I ofyn Valentine ar y Diniweidrwydd &*
ac fe ychwanegwyd *(ne yn hytrach conset ar* [ ]*)*. Ar *Diniweidrwydd*
gweler *Hen Alawon (Carolau a Cherddi)*, gol. Phyllis Kinney a
Meredydd Evans (Cymdeithas Alawon Gwerin Cymru mewn
cydweithrediad ag Amgueddfa Genedlaethol Cymru (Amgueddfa Werin
Cymru), 1993), rhif 36.

12

I ofyn valandine i Jonett Willm sef gwedi, gwraig Humphre Lloyd o Hafod 'Sbyty ar *Consêt Arglwydd Straenee*

Eglur seren glaerwen glir,
Goleuwen sad, goleuni y shir,
Yr ydw i yn danfon yn ddi-wad
4   Er anrhydedd i'th fawrhad
Heb geisio gwad o gariad gwir,
A dyma'r achos, teg ei gwawr,
A wnaeth i mi ysgrifennu i lawr
8   Yn valandine digwyddais gael
Yr hyn beth ni wela i'n wael.
Daioni a mael dy enw mawr
Sioned wyd y seined wych,
12   Lliw distrych ar y don,
Williams eilwaith helaeth wyd,
Lloer annwyl deg ei bron.
A minnau sydd liw mynwes ôd
16   Y ffordd y rhodie i tan y rhod
Mewn cyfan iaith yn cofio'r nod
Bydd hawddgar ddisglair don.
Rwy felly dan dy enw cain
20   Fun gynnil fain ei gwasg
Mi brofa rodio tref a llan
I'th wisgo tan y Pasg
A thi gei fawl iawn hawl yn hy
24   A llawenydd ym mhob llu
Dyro a fynnych, feinir gu,
Nid oes ond hynny o'm tasg.

Siôn Ellis y Telyniwr a'i gwnaeth medd rhai, eraill a ddywedant nad e' oedd yr awdwr.

Ffynhonnell
Cwrt Mawr 128A, 210-11

Dyddiad
Nis nodir ond dyddiad y llawysgrif y'i copïwyd iddi yw 1738.

Ardal
Lluniwyd y gerdd ar ran Humphrey Lloyd o Hafod Ysbyty, heb fod ymhell o Feddau Gwŷr Ardudwy, Blaenau Ffestiniog, ac fe'i copïwyd i lawysgrif o ardal Trawsfynydd.

Mesur
Ar *Consêt Arglwydd Straenee* gweler *Hoffter Arglwydd Strain* yn John Parry *Antient British Music* (London, 1742), 3.

13
Dechre penillion valentine ar y mesur a elwir *Amoryllis*

Hyd atoch, g'lomen glaerwen glir,
Hardd fynyglwen, seren sir,
O'm geirie yn awr rwy'n gyrru yn wir
4   I'th annerch, feinir fwynedd,
Hyn o anerchion, swynion sein,
Wirfelys lein orfoledd:
Cael ateb gweddol siriol serch,
8   Iawn gymwys ferch, nac omedd.

Eich enw llon a ddaeth i'm llaw
Hawddgara' bun, yn un o naw
Ymysg ifienctid trefnid traw
12   Hardd fenyw hylaw, hwylus;
Yn tynnu falentein gytûn,
Gwawr radol, fun gariadus,
Y fi fu heno, blode ha,
16   Rwy'n leicio, yn fwya lwcus.

Rhowch chithe gennad, leuad lon,
O'ch hael, naturiol, freiniol fron,
Bun wisgi hardd, i wisgo hon,
20   Glain, dirion union eneth;
Gair a dd'wedych, drydruch don,
Eill roddi i feibion fabieth
A'th bur olygon gloywon glân
24   A'm daliodd dan hudolieth.
                    Richard David

Ffynhonnell
LlGC 312D, 70

Dyddiad
Nis nodir ond copïwyd llawysgrif LlGC 312D yn gynnar yn y ddeunawfed ganrif.

Ardal
Nis nodir ond copïwyd y llawysgrif gan awdur y gerdd, Richard David o Lanymawddwy.

Mesur
Ar *Amaryllis* gweler Claude M. Simpson, *The British Broadside Ballad and its Music* (New Brunswick, 1966), 17-18.

14
I ofyn falendein

Hyd atoch, hafedd gannwyll Gwynedd,
Gore ei fonedd o Gaer i Fôn,
L E diledieth, W I diwenieth,
4   Ac S eilweth mewn sylwedd sôn,
I O diamhur, N E dan awyr,
Ac S dda ei gysur mewn synnwyr sydd
Yn flode meibion, dwyrudd dirion,
8   Ail i Solomon ffyddlon ffydd;
Be cawn i 'newis yn yr ynys
I wneud y foddus liwus lein,
Y chwi er hynny 'rwy i'w chwenychu,
12   O fil i'w dynnu'n falendein.
Dienw

Ffynonellau
Beirdd y Berwyn 1700-1750, gol. O.M. Edwards (Cyfres y Fil, 1902),
78
Blodeugerdd Barddas o Gerddi Rhydd y Ddeunawfed Ganrif, gol. E.G.
Millward ([Abertawe], 1991), 312

Dyddiad
Hanner cyntaf y ddeunawfed ganrif

Ardal
Gwynedd; ardal mynyddoedd y Berwyn yn ôl O.M. Edwards

Mesur
Nis nodir

15
Pennill malandein

Hyd atoch, gwawr eurad hardd leuad o lun,
Yn fwynglau, fain funglws, ail Fenws yw'r fun,
I'ch tynnu chwi yn weddus, mae f'wyllys i'n fawr,
4   Yn falandein fwynedd, bun gwyredd ei gwawr.
Er imi mewn papur, o ran cysur mwyn, cu,
Gofio lliw'r manod, gwawr hynod, mor hy,
Onid y'ch chwi'n bodloni, y lili wen lân,
8   Gobeithio na ddigiwch ond teflwch i'r tân.
Dienw

Ffynhonnell
LlGC 9047A, 58^r

Dyddiad
Nis nodir ond dyddir ffolant arall yn y llawysgrif hon (o waith y
copïydd, Cadwaladr Davies) i 14.2.1749.

Ardal
Nis nodir ond copïwyd y llawysgrif gan Cadwaladr Davies,
Gwyddelwern.

Mesur
Nis nodir

16
[Pennill falandein]

Hyd atoch, siriol seren, tân 'glura ei chlod sy bura'n bod,
Blodeuyn tirion tyrfa, chwychwi ydi rhedfa rhod,
Eich glendid sy'n disgleirio fel haul ar galch, 'y mun ddi-falch,
4   A'ch synnwyr sy'n rhagori a hwnnw yn peri parch,
A minne sydd mewn ffansi ffydd tan ddwe[u]d mai dedwydd
          ydyw'r dydd
Yr hities ar eich enw yn loyw lein yn falandein,
N ac M yn rhywiogedd, mae rhinwedd ar y rhain,
8   I'ch gwisgo yn ffri trwy eich cennad chwi sy'n rhydda i'w gole
          a mau imi;
Nid ydw i eich holi ond eich ewyllys da, lliw'r hinon ha,
Ond a fyddo hardd ei gwedd yn gymwys nis gwn a ga'.
        Edward Edwards

Ffynhonnell
LlGC 1062B, 43

Darlleniad amrywiol
ll. 10 ond afytha hardd a gwedd

Dyddiad
1757

Ardal
Nis nodir ac ni nodir ardal y llawysgrif chwaith.

Nodyn
Nodir i'r pennill gael ei lunio ar gyfer Mrs N-M.

Mesur
Nis nodir

17
Dechre pennill Falandein ar y mesur a elwir
Gwêl yr Adeilad

     Rwy'n gofyn, Elsbeth haelwych,
     Hardd gangen lawen lewyrch,
     Gyrrwch gennad
4   I wisgo yr leinie, yr loywedd,
     A wnaed i chwi, fun iredd,
     Ddiferedd fwriad,
     Mewn lein i'ch tynnu yn falandein;
8   Rhaid rhoi, lliw'r hinon,
     Ofer 'ddewidion
     O waith prydyddion, im roddion am y rhein,
     Caned gynt iaith Gomer
12   Yn ofer lawer lein;
     Mae 'ch gwawr ar dir yn wir yn awr
     Fel Elen deca'
     A Rachal w'cha,
16   Prydferthwch Martha, Susanna loywa' ar lawr,
     A'ch penpryd loer wawr lariedd sy yn pasio
                           mawredd mawr.
             Dienw

Ffynhonnell
LlGC 4697A, 27

Dyddiad
Nis nodir ond copïwyd y llawysgrif rhwng 1758 a 1765 a chopïwyd y
gerdd hon i'r llawysgrif ar 21.10.1760.

Ardal
Nis nodir ond copïwyd y llawysgrif gan Robert Evans, Llandrillo, sir
Feirionnydd.

Mesur
Ar *Gwêl yr Adeilad* gweler *Hen Alawon (Carolau a Cherddi)*, gol.
Phyllis Kinney a Meredydd Evans (Cymdeithas Alawon Gwerin Cymru
mewn cydweithrediad ag Amgueddfa Genedlaethol Cymru (Amgueddfa
Werin Cymru), 1993), rhif 16.

18
Dechre dau bennill Falandein i'w canu ar *Garway*

      Y fwyngu feingan ddiddan, ddiddwl
      Addfain fyddo, addfwyn feddwl,
      Swydd a channad rwy'n ei chwennych
4   Sef cario eich enw, y fenyw, yn fynych
      Yn falandein o *line* a lunies,
      Yn hon mae, meindw, eich enw a'ch hanes;
      Mi a'ch mola beunydd byth arbennig
8   Fel gwas da yng ngwaed a gostyngedig,
      Y fun gariadus, fwyn, garedig,
      Rhowch chwi yn rhwyddedd fwynedd fenig.

      Gabriel Evans, y fun lefen,
12   Sy'n eich cyfarch chwi yn eich cefen
      Wrth glywed cym'in yn eich ca'mol
      Amdanoch Mary rwy' yn ymorol;
      Na wnewch yn f'erbyn, y fun fawrbarch,
16   Harch i'm ddygiad lleuad Llywarch
      Rhowch yn llesol a wyllysiwch,
      Rhowch yn fwyn y peth a fynnoch,
      Mi dd'weudaf finne byth tra byddoch
20   Bob daioni o'r dawn amdanoch.
                    Thomas Lewis

Ffynhonnell
LlGC 4697A, 151-2

Dyddiad
Dyddiad copïo'r gân oedd 6 Ionawr 1761.

Ardal
Cwm Llywenog ym mhen uchaf plwyf Llanarmon Dyffryn Ceiriog, ar y Berwyn.

Nodyn
Lluniwyd y gân ar ran Gabriel Evans i'w hanfon at Mary.

Mesur
Garway a nodir yn alaw, ond nid oes alaw o'r enw hwn yn y casgliadau;
tybed ai *The Garland* a olygir? Mae honno i'w chael yn Claude M.
Simpson, *The British Broadside Ballad and its Music* (New Brunswick,
1966), 730-1.

19
Dechre pedwar pennill Malandein
ar fesur a elwir
Cyfarfod Da ne *Well Met Brother Will*

At Fenws deg, fwyn, gain, addfwyn, gyneddfol,
Wenithen wen ethol, wych weddol ei chŵyn,
Lliw'r ewyn a'r od,
4   Malandein deg yw f'anrheg i'r feinir,
Llai annerch ni welir drwy'r teirsir ar ddeg,
Ferch liwdeg ei chlod.
Er lleied yw hon, Jane Lewis wen, lon,
8   Mae purder eich bron yn ffyddlon i'w 'mgleddu
Gan imi ryfygu yn llwyr dynnu lliw'r don.
Un Evans wyf, clywch, o garmon oer guwch,
Nid oes un wlad uwch, ces goruwch cwr Lloeger
12   Fy magu yng Nghwm Eger dan lawer o luwch.

Wrth ddallt fod eich bron deg, union yn gynnes
O gariad ac eurwres y tynnes i at hon,
Lliw'r hinon, lloer hardd;
16   Llawenydd pob lle yw Troea portreiad,
Eich tegwch a'ch dygiad mewn gwlad ac mewn tre
Fel geme mewn gardd;
I'r gangen dan go', aur frigog o'r fro,
20   Mawl rywiog a ro' ei heiddo mewn haeddiad,
Ni cheir un fwy 'i chariad yn dŵad dan do;
Yr ewig hael ryw a llonwych ei lliw,
Chwi wyddoch fy mriw, nid ydyw ond ffoledd
24   Im siarad gormodedd o wagedd, ni wiw.

Os cennad a ga', mi'ch gwisga'n gyhoeddus
O burchwant yn barchus a'm dewis waith da,
Cysona ydyw'r swydd;
28   Caf gario'n ddi-rus gysurus feddylie
Tra bo'ch yn fy llyfre mewn llanne ac mewn llys
Yn gofus i'n gŵydd.
Eich enw da chwi fydd mowredd i mi

32   Dros ddeufis neu dri, y lili oleulan,
        Yng nghopa fy nghapan, nid bychan fy mri.
        Hawdd ichwi 'moddhau os byddwch mor glau
        Â'm ffyddlon goffáu; ni wela i'n rhy fychan
36   Pe cawn i o'ch min wynlan ond cusan neu ddau.

        Hen arfer y wlad a'i bwriad heb eiriach:
        Cyfrannu cyfrinach os hwyrach lesâd
        O'i tyniad a'i tasg;
40   O Falandein Ŵyl bydd disgwyl ac edrych
        Am fwyniant yn fynych yn haelwych i hwyl
        Cyn perwyl y Pasg.
        A minne'r un modd, 'r un clefyd a'm clodd
44   A 'mryd yma ymrôdd, fe flysiodd fy mhleser
        Fwy weled eich purder na'r hyder i'r rhodd.
        Y feinir ddi-feth, hoff, lân, teg ei phleth,
        Ni symiai mo'r dreth i'r eneth aur anian:
48   Meddyliwch am Evan fab Evan am beth.
                    Jonathan Hughes

'fynhonnell
*:*wrt Mawr 41B, i, 109

)yddiad
767

lrdal
*:*luniwyd y gerdd dros Evan Evans, Cwm Eger, Bryneglwys yn ne sir
*)*dinbych (chwe milltir i'r gogledd o Gorwen) i'w hanfon at Jane
*:*ewis, Ty'n-y-rhos, Bryneglwys.

1esur
onathan Hughes yw'r unig un sy'n rhoi'r teitlau *Cyfarfod Da* neu *Well*
1et Brother Will i'r mesur. *Let Mary Live Long* yw'r enw yn Claude M.
;impson, *The British Broadside Ballad and its Music* (New Brunswick,
966), tt. 437-8 ac yng nghasgliad John Owen Dwyran fe'i gelwir yn
1ir Oes i Fair, gweler *Hen Alawon (Carolau a Cherddi),* gol. Phyllis
:inney a Meredydd Evans (Cymdeithas Alawon Gwerin Cymru mewn
ydweithrediad ag Amgueddfa Genedlaethol Cymru (Amgueddfa Werin
:*ymru), 1993), rhif 1.

20
Dau bennill Malentein i'w canu ar
King's Round

Bun fain gain gu, harddwch tegwch t,
Rwy'n gyrru drwy bur gariad
Hon yma pura peth, fel trin neu godi treth,
4   Y sidan bleth osodiad,
Sef Malandein a lunies
I'ch cofio chwi fy angyles
Neu wisgi beunes ymysg bonedd;
8   Gobeithio, hardd ei dwyfron,
Na byddwch ddim anfodlon
Fun liwdeg union flode Gwynedd

Ni bydd dydd y dasg ond ympirio cyn y Pasg,
12   Lliw blode damasg feinwasg fwynedd,
A'm galw i'r fan y boch, lliw rhosyn gwyn ne goch
A rhoddi, gwyddoch, rhodd fo gweddedd;
Fel hyn MAe henw 'r lodes
16   Fwyneiddia eRloed a weles,
Mi a'i sgrifennes, gynnes gannwyll,
MOR gymwYS hwylus haela
I gofio eich tad yn nesa,
20   Mae hynny ddweuda i henw'n ddidwyll.
Hugh Jones

Ffynhonnell
Cwrt Mawr 41B, i, 136

Dyddiad
12 Chwefror 1768

Ardal
Nis nodir, ond ardal y bardd yw Llangwm ac ardal y llawysgrif y'i
copïwyd iddi yw ardal Llansilin/Llanrhaeadr-ym-Mochnant.

Nodyn
Penillion i Mari Morys.

Mesur
Ar *King's Round*, gweler llawysgrif Ifor Ceri *Melus Seiniau Cymru,*
rhan ii, sef llawysgrif LlGC 1940A, f. 91ᵛ.

21
Dau bennill Malandein ar *Follow my Fancy*

Hyd atoch, meinwen, seren siriol,
Y feindw' gynnes, fwyndeg, unol,
Derbyniwch draserch annerch unol
4   Drwy gywir degwch yn garedigol:
Y fun garedig, eurfrig, irfron,
Ddifalch, weddol, fuddiol foddion,
Ail i Sara, lana' linon,
8   Y feinael agwedd fwyn olygon.
Â Malandein y mola i'n deg
Eich purdeg, fwyndeg feindw',
Rwy mewn llawenfyd hyfryd, hael,
12   Wych union gael eich enw
Yn fy llyfre a'm breintie bri
Y lili heini, hoenus,
Y fun hawddgara', deca' ar dwyn,
16   Gu seren fwyn, gysurus;
Y chwi ydyw'r ddidwyll gannwyll goeth,
Rhieinddoeth wiwddoeth, weddedd,
Y chwi ydyw'r glaerwen seren sir
20   A'r ddifyr feinir fwynedd,
Yr hawddgar Fenws, burlwys bêr,
Eglurder fwynder feindw',
Hardd Rosyn Saron, tirion, teg,
24   Hoff landeg eurdeg irdw'.

O ran eich bod, gwawr hynod, heini,
Drwy bur gariad yn rhagori,
Mawr ei chaffael, rwy yn eich hoffi
28   Yn Falandein, dda lein oleuni.
Os rhowch chwi gennad, euraid aeres,
Pêr a mwynedd, pur ei mynwes,
I'ch gwisgo'n fwynlan, burlan, bierles,
32   Drwy bura' cynnydd, fel yr amcanes,
E dwbwl W, mi dybia'n lân,
Yw'r feigan, ddiddan ddyddie;
Y fun gariadus wiwlwys wen,

36   Siriolwen aelwen ole,
        Ag osgo rhwydd mi wisga rhain
        Drwy gywir sain gysonedd
        Nes cael addwydion, moddion mael,
40   Fod imi gael ymgeledd.
        Hawdd ichwi, meinwen, rhyngu modd
        Drwy bur gywirfodd arfer,
        Nid wy'n chwenychu meddu 'ch mael,
44   Fy meindw', ond cael eich mwynder
        Drwy serch a chariad, leuad lon,
        Yn dirion, uniol, annwyl,
        Ow! teg ei bron, mewn llon wellhad
48   Rhowch imi anrhegiad rhugl.
                    Rees Lloyd

Ffynhonnell
Cwrt Mawr 41B, i, 34

Darlleniad amrywiol
ll. 13 breinti bri (Cwrt Mawr 41B, i, 34)

Dyddiad
1775

Ardal
Ardal Llanfyllin

Nodyn
Rees Lloyd a'i lluniodd dros Richard Foulk o Fwlch-y-ddâr yn ymyl
Llanrhaeadr-ym-Mochnant, ar y ffin rhwng Llangedwyn a Llanfechain,
yn falandein i Elisabeth Williams, merch y Green Hall ar gyrion
Llanfyllin.

Mesur
Ar *Follow my Fancy* gweler llawysgrif LlGC J. Lloyd Williams 39, f.
95ᵛ. Cymharer hefyd *Dilyn Serch* yn John Parry, *British Harmony*
(London, 1781), 9 sydd yn amrywiad arni.

22
Cwynfan merch a dalodd Valantein

Gwrandewch rwy'n bwriadu
I dd'weud am y Bradwr
Rwy'n ochain yn gethin
4   O waith y Rhagreithiwr;
Myfi oedd yn hogen
O glomen i ymglymu
Mewn oes ddiangherydd
8   A Rhys yn fy ngharu:
Ymeilio, ceseilio, cusanu'n gysonol
A'i freichiau'n ganghennau
O gwmpas fy nghanol,
12   Enethod diwegi myfi ni thebygwn
Fod un ferch a basodd
Yn well ei chondisiwn.

Rhys ym mis Chwefrol,
16   Rhagrithiol fu'r weithred,
A roes i mi Valant
Oedd galant ei gweled;
A minnau oherwydd
20   Fod Rhys yn fy ngharu
Yn brwysgo'n y dalaith
Mewn osgedd ei dalu;
Mi wariais fy arian,
24   Mi brynais, o fawredd,
Werth grôt o ardyson
Heb lid na digasedd;
Â'm dwy law fy hunan,
28   Trwy gariad digerydd,
Y darfu imi eu stofi
A'u rhoi nhw i Rys Dafydd.

Pan cas e'r gardyson
32   O gwmpas ei goesau
Fe drows arna' ei gefen,
Gu feinwen, gwae finnau:

Merch arall a'i hudodd
36 Ac yntau yn anwadal,
Am dorri ei addewid
Fe ddaw arno ddial.
'Doedd hithau'r ferch felen
40 Ond coegen rhy eger;
Myfi yn ei drwsio
A hi mynd â'i bleser:
Rwy'n weddw ddigydmar
44 Wrth rodio yn y goedwig—
Och! ganwaith i'm geni,
Na chawn arno gynnig!

Dewch ataf, erdolwyn,
48 Swyddogion y dalaith,
Mi fynna'n o gyfrwys
I roi arno gyfraith:
Amdan y gardyson
52 Mi dodaf e chwysu
A'i feddiant heb gwestiwn
Fydd raid iddo gosti:
Ni thraid i mi ochain,
56 Mae'r gyfraith o'm hochor
Mewn troeon unionffel
A'r treial yn Henffor:
Gwell fusai'r cystowci,
60 Gwir heini ydyw'r hanes,
Fy nghymryd i'n dirion,
Fwyn, burion gydmares.
John Jenkin

Ffynonellau
LlGC 19B, 328-30
Elizabeth Gloria Roberts, 'Bywyd a Gwaith Ioan Siencyn (1716-96)',
traethawd ymchwil Prifysgol Cymru [Aberystwyth], M.A., 1984, tt.
409-10

Dyddiad
1743

Ardal

Yn ôl y nodyn wrth droed y gerdd, 'Siôn Siencin y Bardd bach ai cant ar ddeisyfiad Thomas Lewis o Bant Hwdog, 1743,' ac y mae Pant Hwdog yng Nghynwyl Elfed yn sir Gaerfyrddin.

Mesur

Nis nodir

23
Pennill a ddanfonodd y prydydd mewn Valantine i'w gariad, a'i wraig yn ôl hynny ar *Spanish Minuet*

F'anwylyd hyfryd hafaidd
Yn syw heb sen, derbyniwch, gwen,
Fy llythyr, meinir fwynaidd,
4   I'ch mawredd bonedd ben;
Damweiniodd imi'n gynnar,
Wrth lot, yn wir, eich enw pur
Yn ôl f'ewyllys hawddgar,
8   Fy meinwar glaear glir;
Am hynny'n awr mi ddoda' lawr
Eich enw gweddus, deuliw'r wawr,
Mewn Valantine ddewisol,
12   Nid er mwyn tâl o fawrion fael
Ond geirwir gariad gwrol,
Dymunol gen i gael.
Chwi wyddoch chwi, 'r ddyn braf ei bri,
16   Pa beth yn hawdd a'm boddia i:
Cael arwydd cu o'ch cariad.
Trwy obaith llawn o'r cyd y cawn
Gydoesi trwy ddewisiad,
20   Fy nghariad deg ei dawn.

Mae coed y maes yn deilio
A'r hediaid glân, o fawr i fân,
Fel tannau pêr yn tiwnio,
24   Ymliwio maent hwy'n lân.
Mae pob rhyw edn hawddgar
Yn canu'n glyd, mor fawr ei fryd,
Yn gydnerth am ei gydmar
28   Dros wyneb daear fyd,
A finnau sy'r ddyn ffraethaidd ffri
'N dra diwyd yn eich dewis chwi
Fod i myfi'n gydmares

32   O waith fy mod, o dan fy nod,
       I'th wylio er y'th weles,
       Cei gen i gynnes glod.

       F'anwylyd bur, mae'n wir fy mod
36   Yn caru'ch gwedd, trwy gleuwedd glod,
       Lliw'r manod hynod hanes,
       K.R., rwyf fi'n dy ddewis di
       Fod i myfi'n gydmares,
40   Fy nuwies gynnes, gu.
             Ioan Siencyn

Ffynonellau
LlGC 19B, 209-11
Diliau'r Awen ..., gol. William Hughes Griffiths (Aberystwyth, 1842
189-90
Blodau Dyfed ..., gol. John Howell (Caerfyrddin, 1824), 397-9
Elizabeth Gloria Roberts, 'Bywyd a Gwaith Ioan Siencyn (1716-179
traethawd ymchwil Prifysgol Cymru [Aberystwyth], M.A., 1984, 34:

Darlleniad amrywiol
ll. 8 Fy meinwar galiar glir (LlGC 19B, 210)

Awdur
John Jenkin 'Ioan Siencyn' (1716-96), gweler Elizabeth Gloria Robe
'Bywyd a Gwaith Ioan Siencyn (1716-1796)', traethawd ymchwil
Prifysgol Cymru [Aberystwyth], M.A., 1984.

Dyddiad
Nis nodir ond dyddiad y llawysgrif y'i copïwyd iddi yw 1752-93;
dyddiadau'r awdur yw 1716-96.

Ardal
Nis nodir ond ardal y llawysgrif y'i copïwyd iddi yw Aberteifi.

Mesur
Ar *Spanish Minuet* gweler llawysgrif Ifor Ceri sef LlGC 1940A,
f. 117^{r-v}.

24
Penillion Malandein i'w canu ar *Ymdaith Newydd* neu *New March*

Wrth arfer maith yrfa
Byw dyrfa bob dydd,
Hyn sydd o hen sail,
4   Nid oes un creadur
Yn bybyr heb ail;
Yn wryw a benyw
Rhoes Duw'r holl stôr
8   Trwy'r môr a'r tir maith
A'u natur i adnabod
A gwybod eu gwaith;
Wrth gwmwl naturieth
12   Mae ystyrieth mis du
Ond Valandine felys
Yn serchus iawn sy'
Ymlygu drwy'r wlad
16   Fod Gwanwyn yn gynnydd,
Hap hylwydd pob had.
Cnawd adar a physgod
Sy'n gwybod eu gwŷn
20   Ac felly cyfeillach
Sydd olliach i ddyn;
Pob llyn sy yn ei lle
Wrth dreifniad Rhaglunieth,
24   Iawn arfaeth y Ne'.

Y gair Valandine
Sy'r line arwydd lyn
O'r grym rywiog wraidd,
28   Cadernid a gallu
Sy'n trefnu lle traidd.
A m'fi, Peter Jones
O Brion, sy â'm bron
32   Yn hoffeiddlon goffáu
Hen arfer hoen wirfodd

A glymodd yn glau.
Chwychwi, Beti Rob[er]ts,
36   Yn bert sydd i'm bodd
Yn Valandein dyner,
Wir haelber ei rhodd.
Drwy eich gwirfodd a'ch gwawr
40   Rwy' yn erfyn cynhorthwy
Borth mwy'r Buarth Mawr.
Yn fachgen, os ydw i
Heb sadio fy mhleth,
44   Chwi glywsoch ai bachgen
Fydd bachgen am beth,
Nid meth i wneud mawl
I chwi sy mewn oedran,
48   Myn Houw, mewn hawl.

Am gymaint a glywes
Neu sonies o serch
Anwylfun [   ]
52   Trwy gariad tra geirwir
A chywir [   ]
Eich gwyso, awch gwasgar,
Sydd hawddgar o hyd,
56   Mae'n hyfryd mwynhau
Eich cennad a'ch cynnydd
Hoff ysty[   ].
Hen genedl ogonedd
60   O fonedd y [   ]
Hil Cynfarch ap Meirion,
Anrhegion iawn hy
Dda deulu, mewn dawn,
64   Llin rhywiog Llanrhaeadr
Yw'r gair gore gawn;
Beth bynnag fu'r bonedd
Yn hoywedd cyn hyn
68   Chwi heddiw sy'n haeddol,
Wawr freiniol ar fryn;
Nid tyn ydyw eich tasg
Roi ataf ryw ateb
72   Cyn purdeb y Pasg.
                    Thomas Edwards

Ffynhonnell
LlGC 348B, 97-8

Dyddiad
Nis nodir ond dyddiad y llawysgrif yw *c.* 1787.

Ardal
Lluniwyd y gân ar ran Peter Jones o Brion, plwyf Llanrhaeadr-yng-Nghinmeirch yn sir Ddinbych, i'w hanfon at Beti Roberts, Buarth Mawr, Prion.

Mesur
Ni ddaethpwyd o hyd i *Ymdaith Newydd* neu *New March* yn y casgliadau.

25
I ofyn Falentein

John Simon, gyda'ch cennad,
Rwy'n gyrru fel o gariad
Atoch berffaith, lanwaith *line*
4   O Falendein yn dyniad.

Yr amser hwn mae'r adar
Yn dewis cymwys gymar
Ac yn canu o dwyn i dwyn
8   O frig y llwyn yn llafar.

Ac felly mae'r ifienctyd
Mor hyfion yn eu rhyddid
Yn dewis annerch, naill y llall,
12   Yn ddiwall mewn addewid.

Os gwnewch mor fwyn â derbyn
Fy ngharedicaf docyn,
Rhaid i chwi gofio cyn y Pasg
16   Bydd arnoch dasg yn disgyn.
                Robert Davies

Ffynhonnell
Bangor 952, 10

Dyddiad
Nis nodir ond dyddiadau'r bardd yw 1769-1835.

Ardal
Nis nodir ond ardal y bardd oedd Nantglyn, sir Ddinbych.

Nodyn
Cân i'w hanfon at John Simon, ar ran merch anhysbys.

Mesur
Triban

26
Pennill Malandein ar *Charity Mistress*

Derbyniwch, seren siriol,
Gysonol sein
O luniedd lein,
4   Bur loyw beredd leuad,
Drwy dyniad falandein.
Ystyriwch chwi fy stori,
Mun heini hael, dda, ffel, ddi-ffael,
8   Drwy gariad rwyf i'n gyrru
Ac nid er meddu mael,
Ond dangos caredigrwydd
Cymdeithas hylwydd eitha serch,
12   Drwy loyw hedd, i deg ei gwedd,
Rianedd, fwynedd ferch;
Gwnewch gofio amdana i'n dyner,
Feinwen syber, Fenws wen,
16   Ymhob rhyw le, nes mynd i'r ne,
Ac felly minne, Amen.
Dienw

Ffynhonnell
Cwrt Mawr 41B, i, 177

Dyddiad
Nis nodir ond dyddiad y llawysgrif y'i copïwyd iddi yw ail hanner y ddeunawfed ganrif a dechrau'r bedwaredd ganrif ar bymtheg.

Ardal
Nis nodir ond ardal y llawysgrif y'i copïwyd iddi yw Llansilin/ Llanrhaeadr-ym-Mochnant.

Mesur
Ar *Charity Mistress* gweler *Elusenni Meistres* yn *Hen Alawon (Carolau a Cherddi),* gol. Phyllis Kinney a Meredydd Evans (Cymdeithas Alawon Gwerin Cymru mewn cydweithrediad ag Amgueddfa Genedlaethol Cymru (Amgueddfa Werin Cymru), 1993), rhif 26.

27
Penillion i ddiolch am rodd Falantein: *Leave Land*

Siân Humphrey fwyn galon, pur feddwl, pêr foddion,
Can diolch, mun dirion, awch union, i chwi;
Mi'ch cofia chwi yn ddilys, y wiwdda fun weddus,
4   Chwi fuoch haelionus eleni.

Rwyf fi yn rhwymedig a phur ostyngedig,
Chwi fuoch garedig nodedig o'r da;
I mi yn rhywiogedd, yn hylaw ac yn haeledd
8   A gweddedd, mwyn agwedd, mynega.

Mi gefais rodd hynod, yn Falandein barod,
Yn ôl y pur amod gwych eurglod fo i chwi,
A diolch yn dirion o w'llys fy nghalon,
12   Myn ffyddlon nod union amdani.

Am gael y rhodd yma, diolchgar a fydda
I chwi, meinir wiwdda, mi a'i gwisga yn ddi-gudd
I'ch cofio, lliw hinon, o w'llys fy nghalon,
16   Pur foddion, yn dirion, da arwydd.

Siân weddol, Siân wiwdda, Siân barod, Siân bura,
Siân hylaw, Siân haela, anwyla mewn nod,
Siân fanwl, Siân fwynedd, Siân burion, Siân buredd,
20   Siân weddedd, Siân beredd, Siân barod.

Teg iechyd fo ichwi a gras a daioni,
Mun hynod, yn heini, y lili fwyn, lon,
Am i chwi fy nghofio, yr ydwi yn gweddïo,
24   Mae'n hawdd i chwi goelio, o'm gwir galon.
            John Jones

Ffynhonnell
LlGC 346B, 171

Dyddiad
Nis nodir ond cyfnod copïo'r llawysgrif yw diwedd y ddeunawfed ganrif a dechrau'r bedwaredd ganrif ar bymtheg.

Ardal
Llanddeiniolen, sir Gaernarfon

Nodyn
Cân i Siân Humphrey

Mesur
Tri thrawiad sengl; ar *Gadael Tir y ffordd hwyaf* gweler *Hen Alawon (Carolau a Cherddi),* gol. Phyllis Kinney a Meredydd Evans (Cymdeithas Alawon Gwerin Cymru mewn cydweithrediad ag Amgueddfa Genedlaethol Cymru (Amgueddfa Werin Cymru), 1993), rhif 42.

28
[Ffolant]

Dyma lythyr gwedi ei selio
   Â sêl aur a chusan ynddo,
   O na allwn gan fy ngofid
4   Roi fy nghalon ynddo hefyd.

Nid wyf yn rhoddi arnoch dasg
   Ond ichwi nghofio o hyn i'r Pasg
Â macyn sidan cyfan coch
8   Neu bâr o fenig, yr un y fynnoch.

Haws yw hela'r môr ar lwy
   A'i ddodi oll mewn plisgyn ŵy
Nag yw troi fy meddwl i
12   F'anwylyd fach oddi wrthy' chwi.

Fallai d'wedwch chwi amdanaf
   Mai hen benillion sosi yrraf,
Dweud yn wir a allaf finnau
16   Mai hen ffasiwn yw ffolantau.
                        Dienw

Ffynonellau
Amgueddfa Werin Cymru 33.335/1
Catrin Stevens, *Arferion Caru* (Llandysul, 1977), 88
Ceir cyfieithiad Saesneg yn Trefor M. Owen, *Welsh Folk Customs*
(Cardiff, 1974), 153-4

Dyddiad
Dechrau'r bedwaredd ganrif ar bymtheg

Ardal
Llanbryn-mair, Powys

Mesur
Hen bennill

29
Pennill mewn Falandein i'w ganu ar
Belle Isle March

    Yr hawddgar gangen irwen ara
    A'r lana', fwyna fun,
    Rhowch dderbyniad i hyn o ganiad,
4   Fy lleuad hardd ei llun;
    Yn ôl rhyw arfer fu'n 'r hen amser
    Lle bydde syber *sign*
    Rwy finne felly yn rhyfygu
8   Eich tynnu yn falandein.
    Am hyn gobeithiaf fi
    Yn dyner, J a D,
    O gael rhyw roddion, union eneth,
12   O'ch helaeth ddwylo chwi.
    Mi fyddaf inne ym mhob rhyw fanne
    Tra bwyf heb amau'n bod
    Ymhlith y Gymru yn ddigelu
16   Yn deusy' glymu eich glod.
    Cewch chwithe, main ei hael,
    Am wrando ar gwynion gwael,
    Uchel eiddo iach o lwyddiant
20   A ffyniant yn ddi-ffael
    A gwir orfoledd fyth heb ddiwedd
    Mewn dinas waredd wen,
    Duw a'ch dygo i dario
24   Rwyf fi'n dymuno. Amen.
                     Harri Humphreys

Ffynhonnell
Cwrt Mawr 41B, i, 211

Dyddiad
Nis nodir ond *fl.* y bardd yw 1819-24 a chopïwyd y llawysgrif yn ail
hanner y ddeunawfed ganrif a dechrau'r bedwaredd ganrif ar bymtheg.

Ardal

Nis nodir ond ardal y bardd yw'r Trallwng a bu'n delynor teulu yng nghastell Powis; ardal y llawysgrif yw Llansilin/Llanrhaeadr-ym-Mochnant.

Mesur

Ar *Belle Isle March* gweler Geraint Vaughan-Jones, *Hen Garolau Plygain* (Tal-y-bont, 1987), 46-7

30
Y Falenten Hyll

'Rwy'n diolch am eich darlun,
  Y mae e'n ddarlun da;
'Rwyf wedi torri'm hesgyrn
4   Efo Ha! Ha! Ha!
Pwy wnaeth eich darlun, Catrin,
  Darlun mor dda?
Mae'n werth y byd o chwerthin,
8   O Ha! Ha! Ha!

Yr wyf yn fachgen gwirion,
  Heblaw yn fachgen da,
Oherwydd torri'm calon
12   Efo Ha! Ha! Ha!
Ni thorraf byth fy nghalon
  O eisiau 'ch llaw fach wen,
Ond gallaf dorri'm calon
16   Wrth chwerthin am eich pen.
        J. Ceiriog Hughes

Ffynhonnell
J. Ceiriog Hughes, *Oriau'r Hwyr* (Wrexham, 1872), 100

Dyddiad
Y bedwaredd ganrif ar bymtheg

Ardal
Nis nodir

Mesur
Nis nodir

31
Folant

Gwêl fwyn adeilad odiaeth
Gan un a gŵyn gan hiraeth
Bob dydd oherwydd
4   Fod saethau llymion cariad
O dan fy mron yn wastad,
Nid oes distawrwydd.
Gwir iawn, lle byddo cariad llawn,
8   Pwy all ei gelu
Na'i lawn ddistewi,
Rhaid yw ei draethu gan faint y cyni gawn,
A gwaelu mae fy 'mennydd
12   Foreuddydd a phrydnawn.
Yn syn am eiliad gwrando hyn:
A yw dy galon
Fath galed foddion
16   A rhoi'n ysgyrion fy nwyfron sydd yn dynn
Bob amser mewn prysurdeb am weld dy wyneb gwyn?
               Dafydd Ifans 'Dewi Dysul'

Ffynhonnell
W.J. Davies, *Hanes Plwyf Llandyssul* (Llandysul, 1896), 254

Dyddiad
Y bedwaredd ganrif ar bymtheg

Ardal
Plwyf Llandysul, Ceredigion

Mesur
Ar *Gwêl yr Adeilad* gweler *Hen Alawon (Carolau a Cherddi),* gol.
Phyllis Kinney a Meredydd Evans (Cymdeithas Alawon Gwerin Cymru
mewn cydweithrediad ag Amgueddfa Genedlaethol Cymru (Amgueddfa
Werin Cymru), 1993), rhif 16.

32
Folant

Mi gara'r enw Ifan
    Tra'r huan fry uwchben,
    A'm gwaed yn têr ergydio,
4   A gwallt yn cuddio 'mhen,
    Ac yn fy oriau olaf
    Bydd Ifan gen i'n gu,
    Ac wrth ei ochor carwn
8   Fod yn y ddaear ddu.

    Y Folant hon ddanfonir
    Gan ddifyr feinir fwyn
    At Ifan Tomos lwysaidd,
12   Fab c'ruaidd, lawn o swyn;
    Heb ynddi unrhyw weniaith,
    Trwm hiraeth garia'm bron
    O eisiau bod yn wastad
16   O hyd i'w chariad llon.
        Dafydd Ifans 'Dewi Dysul'

Ffynhonnell
W.J. Davies, *Hanes Plwyf Llandyssul* (Llandysul, 1896), 253-4

Dyddiad
Y bedwaredd ganrif ar bymtheg

Ardal
Plwyf Llandysul, Ceredigion

Nodyn
Lluniwyd y gân gan ferch anhysbys i'w hanfon at Ifan Tomos.

Mesur
Nis nodir

33
Y Folantein

Fe ddarfu'r gaeaf creulon,
Tawelach yw'r awelon,
A'r adar bach gan fywiocáu
4   Sy'n dechrau gwau caneuon.

Holl anian gain sy'n gwenu
Gan neisied ymgynhesu,
Ac nid yw'n deilwng rhoddi sèn
8   I minnau, Gwen, am ganu.

Wrth weld dy hun mor laned,
Pa fab all dewi dywed?
O rho i lanc ar soddi i lawr,
12   O'i ddolur mawr ymwared.

Yn dewis y mae'r adar
Yn awr bob un ei gymar,
I fyw mewn undeb eithaf llon
16   Uwch pob argoelion galar.

Un, un ddewisaf finnau,
A hon wyt ti, lliw'r blodau;
Yn rheudol les o rho dy law
20   I dorri'm braw a'm briwiau.

Yr eneth fwyn eiriannaf,
Tydi yw'r lana' welaf;
Na ad, a mi mor wael fy nrych,
24   Fath bwn o oernych arnaf.

Rho'th law'n addewid i mi,
Rho'th gusan i'm sirioli,
Rho'th galon rydd, yn glodydd glân,
28   Diderfyn gân cei gen i!

Y mae dy wedd yn waddol,
Deg Wèn, o werth digonol;
Uwch unrhyw bris yw'th lygaid pêr
32   Sydd fel y sêr yn siriol.

O tro yn awr, tra'n iraidd,
I rwymyn cariad puraidd;
Cawn fyw mewn tes, yn gynnes Gwen,
36   A'n byd yn hufen hafaidd.

Mae'r gwanwyn ar egino,
Daw blodau'r haf i'w rhifo,
Anturia Gwen, mae natur gain
40   Yn cymell sain cydsynio.
                    Daniel Evans 'Daniel Ddu o Geredigion'

Ffynonellau
Daniel Evans, *Gwinllan y Bardd* (Llanbedr, 1872), 233-5
Cylchgrawn Cymdeithas Alawon Gwerin Cymru, ii, 51-2

Dyddiad
Dyddiadau'r bardd yw 1792-1846 ac yr oedd y gân yn boblogaidd yn
ardal Mynydd Bach ganol y bedwaredd ganrif ar bymtheg.

Ardal
Mynydd Bach, sef ardaloedd Trefenter a Blaenpennal yng nghanol
Ceredigion.

Mesur
Cyhoeddwyd yr alaw gyda'r geiriau yn *Cylchgrawn Cymdeithas Alawon
Gwerin Cymru*, ii, 51.

34
Pennill i'w roi mewn ffalendein i'w ganu ar fesur a elwir
Follow my Fancy

     Clau seren annwyl, clws eirwir eneth,
     Pur loyw didwyll, perl eiriau odiaeth,
     Y fun dyner galon, fwyn dirion gowled,
4   Gywreindeg, onest, gwrando ar gwynion:
     Y mae'r falendein, drwy fwynlan dyniad,
     Yn hen arferion, mewn heini fwriad,
     Llond hon o rosyn llawn hoyw draserch,
8   Clir eirwir donen, clyw air i'd annerch:
     Winw'dden lawen luniedd lon
     A phiniwn annwyl ffenics
     Gwenithen dirion ffyddlon ffel
12   Rianedd fel yr onycs,
     Yr wyt yn ail i'r goleulan arglwys
     Ni welai Fenws galant, nid eill fy nhafod
     Tra bo chwyth, gyhoeddi fyth mo'th haeddiant.
16   Lloer ole ei gwedd, llaw'r lili gwyn,
     Doeth rosyn odiaeth rasol
     Y gangen gymwys wiwlwys wen
     Y d'wysen gariad usol
20   Nid wy'n llysyfu dim llesâd
     Am hyn o ganiad gennych
     Am hynny'n rhwyddedd dan y rhod
     Y feinwen, dod a fynnych.
                    John Rees

Ffynhonnell
LlGC 1710B, 140-1

Dyddiad
Nis nodir ond ail hanner y bedwaredd ganrif ar bymtheg, mae'n debyg; dyddiad y llawysgrif y'i copïwyd iddi yw'r bedwaredd ganrif ar bymtheg.

Ardal
Nis nodir ond ardal y llawysgrif y'i copïwyd iddi yw Clwyd a bardd o
Lanrhaeadr-ym-Mochnant oedd John Rees.

Mesur
Ar *Follow my Fancy* gweler llawysgrif LlGC J. Lloyd Williams 39, f.
95^v. Cymharer hefyd *Dilyn Serch* yn John Parry, *British Harmony*
(London, 1781), 9.

35
Dechre pennill i ofyn Malandein ar fesur a elwir
Young Watkin's Delight

Rwy'n danfon dros eich geneth fedydd, dwys arwydd i chwi
o serch,
Dan enw Malandein modd doniol, o ddwylo'r foddol ferch;
Y lawen seren loyw sydd yn swnio heb wâd a sôn y bydd
4   Ac aml gofio, ni wn i a wyddoch, amdanoch nos a dydd.
Hi ŵyr fod gan'och galon ethol o styriol w'llys da,
Yr hon heb ffael a wrendy'n ffyddlon bob cwynion, ni nacâ;
Ac felly'n wir fe alle fod hyn yma'n rhwyddedd dan y rhod
8   Yn annog peth ar ferch ifienedd, awch clirwedd, ganu'ch clod;
Naturiaeth geneth gu sydd am ymwchu'n wir
Gael bod yn hoyw fenyw feinael, lwys arael blodau'r sir.
Os gwnewch chwi jeinio, John, at helpu harddu hon
12   Hi fydd gan falched â'r aderyn, yn gryno forwyn gron,
A'i swydd hi tua'r Pasg, main ei gwasg, meinwen gu,
A fydd eich ca'mol yn ddiamgen, modd llawen ymhob llu.
Mae'r gangen ffraethwen ffri yn deud y gw'rantiff hi
16   Y ceiff hi anrheg wiwdeg odiaeth, wych, helaeth, gennych
chwi.

John Rees

Ffynhonnell
Cwrt Mawr 41B, i, 17

Dyddiad
14 Chwefror 1873

Ardal
Lluniwyd y gân ar ran Mary Williams, merch Dafydd Williams, o Gwm Cilan i'w hanfon at John (ll. 11), ei thad bedydd. Fferm yn Llanrhaeadr-ym-Mochnant yn ardal Cymdu yw Cwm Cilan (yn ôl Huw Ceiriog mae'n debyg mai o'r un ardal y daw'r bardd Hywel Cilan, yn hytrach nag o ardal Corwen fel y dywed Islwyn Jones).

Mesur
Ni ddaethpwyd o hyd i *Young Watkin's Delight* yn y casgliadau.

36
Folant

Dyma'r folant wyf yn anfon
Atat ti o fodd fy nghalon
Gan obeithio caiff roesawiad
4   Gyda ti, fy annwyl gariad.

Dienw

Ffynhonnell
W.J. Davies, *Hanes Plwyf Llandyssul* (Llandysul, 1896), 255

Dyddiad
Y bedwaredd ganrif ar bymtheg

Ardal
Plwyf Llandysul, Ceredigion

Mesur
Pennill telyn

37
Folant fach

Folant fach, O! cerdd yn fuan,
Paid ag aros dim yn unman;
Disgyn lawr ar bost y gwely
4   Lle ma nghariad fach i'n cysgu.
Dienw

Ffynhonnell
W.J. Davies, *Hanes Plwyf Llandyssul* (Llandysul, 1896), 255

Dyddiad
Y bedwaredd ganrif ar bymtheg

Ardal
Plwyf Llandysul, Ceredigion

Mesur
Pennill telyn

38
Y folant salw

Mae'r folant yma'n dangos
Shwt fachan wyti, Tomos;
Pwy all roi cusan fyth ar swch
4   Sy'n fwrfwch fel yr andros?

Mi rown lapswchad iti
Pe gwisget shilcen deidi,
A britsh ben-lin, a gwasgod flot
8   A cot fel Ianto Cati.
Dienw

Ffynhonnell
D.R. Rees a Z.S. Cledlyn Davies, *Hanes Plwyf Llanwenog: Y Plwyf a'i Bobl* (Aberystwyth, 1939), 117

Dyddiad
Y bedwaredd ganrif ar bymtheg

Ardal
Plwyf Llanwenog, Ceredigion

Mesur
Triban

39
Y folant lân

Nid oes gennyf bunt i'w wario
Arnat, Cati;
Dim ond CALON alla'i sbario—
4   Cymer ati.

Aeth saeth trwyddi i'r man pella,
Fel y gweli;
Dim ond ti a all ei gwella—
8   Ti sy â'r eli.
Dienw

Ffynhonnell
D.R. a Z.S. Cledlyn Davies, *Hanes Plwyf Llanwenog: Y Plwyf a'i Bobl*
(Aberystwyth, 1939), 116

Dyddiad
Y bedwaredd ganrif ar bymtheg

Ardal
Plwyf Llanwenog, Ceredigion

Mesur
Nis nodir

40
Valentine 'r hen ferch

Priodi, priodi mae'r merched o hyd,
Os na chânt briodi ni thâl hi ddim byd;
Ond gwell fyddai gennyf na hynny, 'rwy'n siŵr,
4 Fyw ar gardota fy mara a dŵr.
    Mi fyddaf hen ferch, mi fyddaf hen ferch,
    Mor hyfryd yw bywyd a rhyddid hen ferch.

Mi welais rhai bechgyn lled ddifyr eu sgwrs
A chwyddent fy nghalon i weithiau wrth gwrs,
A gwelais rai eraill hardd, heinyf ar droed,
8 Ond undyn a briodwn, ni welais erioed.
    Mi fyddaf hen ferch, mi fyddaf hen ferch,
    Mor hyfryd yw bywyd a rhyddid hen ferch.

Mae dyn mor anwadal ag wyneb yr aig
A'i galon mor galed â chalon heb graig;
Mae'i feddwl hunanol yn chwyddo fel ton
12 A'i ben sydd mor feddal â phen *my chignon.*
    Mi fyddaf hen ferch, mi fyddaf hen ferch,
    Mor hyfryd yw bywyd a rhyddid hen ferch.

Daw Siôn y gŵr adref gan holi mewn brys,
'Shân, ble mae fy sanau? Shân, ble mae fy nghrys?'
A druan o Shani, rhwng cannwyll a nos,
16 Mewn penbleth yn ceisio rhoi clwt ar ei glos.
    Mi fyddaf hen ferch, mi fyddaf hen ferch,
    Mor hyfryd yw bywyd a rhyddid hen ferch.

Edrycha o'i gwmpas gan sythu mor *larch*
Â phe bai o wedi ei drochi mewn *starch;*
A gwnewch iddo giniaw, ni thâl hi ddim byd,
20 Mae gormod neu fychan o rywbeth o hyd.
    Mi fyddaf hen ferch, mi fyddaf hen ferch,
    Mor hyfryd yw bywyd a rhyddid hen ferch.

Yr hwyr fe eistedda'n un Cadi tan ddeg
I swnio ac ordro heb daw ar ei geg;
Na soniwch fod Shani yn neb, *dear me!*
24   Siôn bia'r dodrefn, a Siôn bia'r tŷ.
        Mi fyddaf hen ferch, mi fyddaf hen ferch,
        Mor hyfryd yw bywyd a rhyddid hen ferch.

Ond peidiwch â meddwl na chefais i chwaith
Gynigion rhagorol, do, do, lawer gwaith,
Ond tra byddo bywyd i mi a fy nghath
28   Gwrthodaf bob cynnig gaf eto 'run fath.
        Mi fyddaf hen ferch, mi fyddaf hen ferch,
        Mor hyfryd yw bywyd a rhyddid hen ferch.
                    Dienw

Ffynonellau
Ll G C, Cerddi a Baledi, cyfrol xxi, 106
Ll G C, Cerddi a Baledi, cyfrol xxv, 128

Dyddiad
Nis nodir

Ardal
Nis nodir; argraffwyd y naill daflen gan W. Jones, Gazette Office,
Troed-y-rhiw, Merthyr Tudful ond ni nodir ar y llall pwy a'i
cyhoeddodd.

Nodyn
Is-teitl y gerdd yw 'Siân Llwyd, Bwth Unig, at yr hen lanc, Siôn
Wmffre, Llwyn Dedwydd'

Mesur
Pennill a chytgan

Mynegai i linellau cyntaf

At Fenws deg, fwyn, gain, addfwyn, gyneddfol............................ cerdd 19
Bun fain, gain, gu, harddwch tegwch tŷ..................................... cerdd 20
Clau seren annwyl, clws eirwir eneth.. cerdd 34
Derbyniwch gen i ganiad... cerdd 10
Derbyniwch, leuad lon, naturiol freiniol fron.............................. cerdd 7
Derbyniwch, seren siriol.. cerdd 26
Dyma lythyr gwedi ei selio... cerdd 28
Dyma'r folant wyf yn anfon... cerdd 36
Eglur seren glaerwen glir... cerdd 12
F'anwylyd hyfryd hafaidd... cerdd 23
Fe ddarfu'r gaeaf creulon... cerdd 33
Folant fach, O! cerdd yn fuan... cerdd 37
Glana' beunes, glain y bonadd... cerdd 9
Gwawr oleugu, gwâr olygon.. cerdd 11
Gwêl fwyn adeilad odiaeth... cerdd 31
Gwrandewch rwy'n bwriadu.. cerdd 22
Hyd atoch, g'lomen glaerwen glir.. cerdd 13
Hyd atoch, gwawr eurad hardd leuad o lun............................... cerdd 15
Hyd atoch, hafedd gannwyll Gwynedd....................................... cerdd 14
Hyd atoch, lloer gellwerus, afieithus foddus fun......................... cerdd 5
Hyd atoch, meinwen, seren siriol.. cerdd 21
Hyd atoch, siriol seren, tan glura ei chlod sy bura'n bod............... cerdd 16
J ac A, heulwen ha', hoyw wên serchog..................................... cerdd 8
John Simon, gyda'ch cennad.. cerdd 25
Lliw heulwen gynhesol, bêr gannwyll gynhyrchiol....................... cerdd 4
Mae'r folant yma'n dangos... cerdd 38
Mae un ardd am ddawn urddas... cerdd 1
Mi gara'r enw Ifan.. cerdd 32
Nid oes gennyf bunt i'w wario... cerdd 39
Nos da i'r fwyalch, ddifalch ddawn.. cerdd 6
Priodi, priodi mae'r merched o hyd.. cerdd 40
Rwy'n danfon dros eich geneth fedydd, dwys arwydd i chwi o serch cerdd 35
Rwy'n diolch am eich darlun... cerdd 30
Rwy'n gofyn, Elsbeth haelwych.. cerdd 17
Siân Humphrey fwyn galon, pur feddwl, pêr foddion..................... cerdd 27
Wrth arfer maith yrfa.. cerdd 24
Y fwyngu feingan ddiddan, ddiddwl... cerdd 18
Y gangen ddi-gudd, lon, beraidd, lawn budd............................... cerdd 3
Y liwgar olygus, gain seren gysurus... cerdd 2
Yr hawddgar gangen irwen ara... cerdd 29

Mynegai i'r beirdd

Richard David.. cerdd 13
Robert Davies... cerdd 25
Dienw........................ cerddi 4, 6, 7, 9, 14, 15, 17, 26, 28, 36, 37, 38, 39, 40
Edward Edwards... cerdd 16
Thomas Edwards 'Twm o'r Nant'.. cerdd 24
?Siôn Ellis.. cerdd 12
Daniel Evans 'Daniel Ddu o Geredigion'..................................... cerdd 33
J. Ceiriog Hughes.. cerdd 30
Jonathan Hughes.. cerdd 19
Harri Humphreys.. cerdd 29
Dafydd Ifans 'Dewi Dysul'... cerddi 31, 32
John Jenkin 'Ioan Siencyn'.. cerddi 22, 23
Dafydd Jones, Trefriw.. cerdd 8
Hugh Jones, Llangwm.. cerdd 20
John Jones... cerdd 27
Thomas Lewis.. cerdd 18
Rees Lloyd... cerdd 21
Edward Morris, Perthi Llwydion.. cerddi 1, 2
Cadwaladr Morus... cerdd 11
Huw Morys... cerdd 3
John Rees.. cerddi 34, 35
Richard Thomas... cerdd 10
E.W... cerdd 5

Mynegai i'r alawon

Amaryllis.. cerdd 13
Bryniau'r Iwerddon... cerdd 5
Belle Isle March... cerdd 29
Charity Mistress neu Elusenni Meistres........................... cerddi 10, 26
Consêt Arglwydd Straenee.. cerdd 12
Cyfarfod Da *neu* Well Met Brother Will........................... cerdd 19
Dilyn Serch... cerddi 21, 34
Diniweidrwydd.. cerddi 9, 11
Follow my Fancy.. cerddi 21, 34
Gadael Tir y ffordd hwyaf.. cerddi 2, 4, 27
Garway... cerdd 18
Gwêl yr Adeilad.. cerddi 17, 31
Hir Oes i Fair *neu* Let Mary Live Long............................. cerdd 19
Hoffter Arglwydd Strain *gweler* Consêt Arglwydd Straenee
Hud y Fedlemas Newydd... cerdd 9
Hud y Frwynen.. cerdd 9
King's Round.. cerdd 20
Leave Land *gweler* Gadael Tir
Let Mary Live Long *gweler* Hir Oes i Fair
Milking Pail... cerdd 7
New March, *gweler* Ymdaith Newydd
Spanish Minuet... cerdd 23
Sunselia.. cerdd 3
The Garland *gweler* Garway
Well Met Brother Will, *gweler* Cyfarfod Da
Y Folantein.. cerdd 33
Ymdaith Mwngc *neu* The Lord Monk's March.................... cerdd 8
Ymdaith Newydd *neu* New March.................................... cerdd 24
Young Watkin's Delight... cerdd 35